Reflets des Lumières
dans la pensée allemande

Ouverture philosophique

Collection dirigée par Aline Caillet, Dominique Chateau, Jean-Marc Lachaud et Bruno Péquignot

Une collection d'ouvrages qui se propose d'accueillir des travaux originaux sans exclusive d'écoles ou de thématiques.

Il s'agit de favoriser la confrontation de recherches et des réflexions, qu'elles soient le fait de philosophes « professionnels » ou non. On n'y confondra donc pas la philosophie avec une discipline académique ; elle est réputée être le fait de tous ceux qu'habite la passion de penser, qu'ils soient professeurs de philosophie, spécialistes des sciences humaines, sociales ou naturelles, ou… polisseurs de verres de lunettes astronomiques.

Dernières parutions

René PASSERON, *L'amour refus*, 2016

Mouchir Basile AOUN, *La Cité humaine dans la pensée de Martin Heidegger. Lieu de réconciliation de l'être et du politique*, 2016.

Nikos FOUFAS, La critique de l'aliénation chez le jeune Marx, 2016.

Patrick MBAWA DEKUZU YA BEHAN, *Le paradoxe du pardon chez Paul Ricoeur. De la gratuité à la gratitude*, 2016.

Hélène MICHON, Tamás PAVLOVITS, *La sagesse de l'amour chez Pascal*, 2016.

Philippe FLEURY, *Figures du gnosticisme*, 2016.

Auguste NSONSISSA, *La grammaire de la signification. Querelle des fondements de la philosophie contemporaine du langage*, 2016.

Pascal GAUDET, *Qu'est-ce que la philosophie ?, Recherche kantienne*, 2016.

Godefroy NOAH ONANA, *Tradition et modernité. Rupture ou continuité ?*, 2016.

Benoît BASSE, *De la peine de mort en philosophie, Quel fondement pour l'abolition ?*, 2016.

Bruno TRAVERSI, *Le corps inconscient. Et l'Ame du monde selon C.G. Jung et W. Pauli*, 2016.

Angelika Schober

Reflets des Lumières dans la pensée allemande

L'Harmattan

Ouvrages du même auteur

Monographie

Ewige Wiederkehr des Gleichen? Hundertzehn Jahre französische Nietzscherezeption/ Eternel retour du même? Cent dix ans de réception française de Nietzsche, Presses Universitaires de Limoges, 2000, 147 p.

Direction d'ouvrages collectifs

Les relations franco-allemandes dans la presse et les dessins de presse, (dir.), numéro hors série de *Ridiculosa,* Université de Bretagne Occidentale, 2015, 145 p.

Le pouvoir au féminin. Identités, représentations, stéréotypes, (dir. avec Aline Le Berre et Florent Gabaude), Presses Universitaires de Limoges, 2013, 504 p.

La presse satirique dans le monde. Histoire et évolution de la presse satirique dans vingt pays (dir. avec Jean-Claude Gardes), numéro hors série de *Ridiculosa,* UBO, 2013, 620 p.

L'Espace de l'Eros. Représentations textuelles et iconiques, (dir. avec Eduardo Ramos-Izquierdo), Pulim, 2007, 292 p.

Textuel et visuel. Interconnexions entres textes et images satiriques, (dir.), n° 6 de *Ridiculosa,* UBO, 1999, 229 p.

Le christianisme dans les pays de langue allemande. Enjeux et défis (dir.), Pulim, 1997, 194 p.

Cent articles, conférences, contributions à des colloques, chapitres d'ouvrages etc., réalisés notamment en France, en Allemagne et en Égypte.

5-7, rue de l'Ecole-Polytechnique, 75005 Paris

http://www.harmattan.fr
diffusion.harmattan@wanadoo.fr
harmattan1@wanadoo.fr

ISBN : 978-2-343-09223-2
EAN : 9782343092232

Merci à Angèle Kremer-Marietti (1927 – 2013) de m'avoir proposé d'écrire cet ouvrage. Je remercie également Anne-Marie Corbin pour la relecture du texte.

Sommaire

Introduction

« Aie le courage de te servir de ton *propre* entendement. » C'est par ces mots que débute la réponse d'Immanuel Kant à la question posée par l'Académie des sciences prussienne en 1783 : 'Qu'est-ce que les Lumières ?'[1] Son appel qui est toujours d'actualité met en exergue la liberté de l'homme en lançant un énorme défi. Et il est en même temps plein de promesses et d'espoir. Car c'est une exhortation à ne jamais céder la liberté de penser au profit de quelque doctrine que ce soit. Par conséquent nous avons voulu réunir dans ce volume quelques exemples de la manifestation de cette attitude dans la pensée allemande au sens large du terme. C'est-à-dire non seulement dans la philosophie, mais également dans d'autres volets de l'histoire des idées, la littérature notamment. A cette fin nous avons choisi des auteurs de la fin du XVIIIe au milieu du XXe siècle, à savoir Friedrich Schlegel, Friedrich Nietzsche, Raoul Hausmann, Ernst Cassirer, Lion Feuchtwanger ainsi que Max Horkheimer et Theodor W. Adorno.[2]

En traitant de thématiques variées, les différents chapitres sont reliés par plusieurs données. D'abord par l'expérience de l'exil qu'ont faite les auteurs étudiés. Certes, l'exil au sens strict du terme ne concerne que ceux du XXe siècle ayant été obligés de fuir l'Allemagne nazie, Hausmann, Cassirer, Feuchtwanger, Horkheimer et

---

[1] Le texte parut dans le numéro de décembre 1784 de la revue mensuelle *Berlinische Monatsschrift.* Immanuel Kant, „Beantwortung der Frage: Was ist Aufklärung ?", in *Was ist Aufklärung? Thesen und Definitionen* (Kant, Erhard, Hamann, Herder, Lessing, Mendelsohn, Riem, Schiller, Wieland), édité par Ehrhard Bahr, Stuttgart, Reclam, 1974, p. 9.

[2] Ce volume est issu de plusieurs articles et conférences entièrement remaniés et approfondis.

Adorno. Mais d'une certaine manière on peut considérer Nietzsche aussi comme un exilé. Très critique à l'égard de son pays natal, il séjourna en Suisse, en Italie et en France sans faire souche nulle part. Quant à Schlegel, il vaut mieux parler d'une vie caractérisée par un parcours entre différents pays et croyances religieuses, qui le mena de la ville protestante de Hanovre à la Vienne catholique, en passant par Paris et Cologne. Le second lien entre les auteurs choisis réside dans l'importance de la France dans leurs biographies, de sorte que l'on peut inscrire ce volume dans les recherches sur le champ franco-allemand : Schlegel séjourna à Paris, Nietzsche écrivit une partie d'*Ainsi parlait Zarathoustra* à Nice et Raoul Hausmann vécut trente ans en Limousin. Ernst Cassirer rédigea son œuvre magistrale sur la philosophie des Lumières (*Philosophie der Aufklärung*) à la Bibliothèque Nationale, Horkheimer et Adorno étaient eux aussi à Paris, et Lion Feuchtwanger y habitait avant de s'installer dans le Midi de la France à Sanary-sur-Mer. A ces deux dénominateurs communs – expérience de l'exil et champ franco-allemand – s'ajoute encore un troisième lien, notamment en ce qui concerne Horkheimer, Adorno, Cassirer et Feuchtwanger : parmi les différentes sources qui ont nourri leurs œuvres figure non seulement l'héritage des Lumières et du classicisme allemand de Weimar mais aussi celui du judaïsme.

Le premier chapitre, intitulé « Les Lumières et leurs ombres », s'interroge de manière générale sur les enjeux de *l'Aufklärung* en retraçant la mise en garde contre l'hégémonie de la raison instrumentale telle que Horkheimer et Adorno la formulent dans leur livre *La Dialectique des Lumières* rédigé pendant la Seconde Guerre mondiale. Pour étayer leur propos nous avons pris en compte aussi des voix qui dès le XVIIIe siècle se prononcèrent à ce sujet, celle de Kant en l'occurrence et celle du mathématicien et physicien français Jean le Rond d'Alembert, coéditeur de *L'Encyclopédie.* Les cinq chapitres suivants analysent d'autres manières d'honorer l'invitation kantienne « Aie le courage de te servir de ton *propre* entendement ». A l'exemple du roman fragmentaire *Lucinde* de Schlegel le deuxième chapitre, « L'éternel féminin dans l'espace de l'Eros », illustre l'affirmation goethéenne selon laquelle « l'éternel féminin toujours plus haut nous attire ».[3] Le troisième chapitre, consacré à « La mort de Dieu » montre que Nietzsche a manié cette thématique avec beaucoup plus de liberté et de façon plus nuancée que ne le suggère la célèbre phrase « Dieu est mort. Nous l'avons tué ». Le quatrième chapitre, « Weimar à l'épreuve », forme la charnière entre le XIXe et le XXe siècle en comparant deux formes de critique à l'égard du classicisme weimarien : celle de Nietzsche et celle, plus radicale, de Raoul Hausmann, co-fondateur du mouvement Dada à Berlin. Les deux derniers chapitres intitulés « Antidotes contre la barbarie » et « Humour et humanisme » sont consacrés respectivement à Ernst Cassirer, l'un des philosophes allemands les plus importants du XXe siècle, et à Lion Feuchtwanger, l'écrivain le plus apprécié sous la République de Weimar. Leurs exemples rappellent que la croyance en l'homme héritée de Weimar et de la tradition judéo-chrétienne put rester intacte en dépit de la catastrophe des deux guerres mondiales et du nazisme.

Le choix des auteurs traités dans ce volume est certes sélectif et subjectif. Mais il permet néanmoins de mettre en valeur plusieurs mises en pratique de l'appel kantien d'avoir le courage de se servir de son propre entendement, et de faire apparaître ainsi quelques reflets des Lumières dans la pensée allemande.

---

[3] Johann Wolfgang von Goethe, *Faust I et II*, traduit de l'allemand par Jean Malaplate, Paris, Flammarion, 1984, p. 497.

1. Les Lumières et leurs ombres

« Qu'est-ce que les Lumières ? » A cette question posée en 1783 par l'Académie royale des sciences prussienne, Immanuel Kant répondit qu'il s'agit de « la sortie de l'homme de l'état de minorité dont il est responsable lui-même »[4]. Il précise que minorité signifie « l'incapacité de se servir de sa raison sans la direction d'autrui » et ajoute ce qui devrait être le *leitmotiv* des Lumières, à savoir l'appel suivant : « Aie le courage de te servir de ton *propre* entendement. » En effet, selon Kant, l'homme est capable de penser par lui-même et de faire preuve d'autonomie en toutes circonstances, même si « la paresse et la lâcheté [...] ont pour conséquence qu'un aussi grand nombre d'hommes préfèrent rester mineurs leur vie durant, longtemps après que la nature les a affranchis de toute direction étrangère (*naturaliter majores*) ». Et quoique « ces mêmes causes fassent qu'il devienne si facile à d'autres de se prétendre leurs tuteurs ». Soulignant qu' « il est si aisé de rester mineur ! », Kant fournit les exemples suivants: « Avec un livre qui tient lieu d'entendement, un directeur de conscience qui me sert de conscience, un médecin qui juge pour moi de mon régime, etc., je n'ai vraiment pas besoin de me donner moi-même de la peine. Il ne m'est pas nécessaire de penser, à condition de pouvoir payer ; d'autres voudront bien se charger à ma place de cette ennuyeuse besogne. »[5]

L'appel « Aie le courage de te servir de ton propre entendement !», caractérise les Lumières allemandes (*Aufklärung*), mais ses principales implications sont

---

[4] Immanuel Kant, „Beantwortung der Frage : Was ist Aufklärung ?", *op.cit.*, p. 9.
[5] *Ibid.*

défendues aussi par les philosophes français du XVIIIe siècle. Ainsi l'*Encyclopédie ou dictionnaire raisonné des sciences, des arts et des métiers* (1751-1772), codirigée par Denis Diderot et Jean le Rond d'Alembert, a pour objectif de réunir de manière systématique les connaissances acquises au cours de l'histoire afin d'engager l'homme à penser de façon autonome et à s'affranchir des dogmes. Autrement dit, l'*Encyclopédie* devait promouvoir la capacité de penser par soi-même. Menaçant le pouvoir du trône et de l'autel, elle fut interdite mais réussit à paraître néanmoins. Et son frontispice – les rayons du soleil de la raison transpercent les nuages de l'ignorance – témoigne du grand espoir des philosophes des Lumières en ce qui concerne l'avenir de l'humanité.

Cela n'a pas empêché des voix critiques de se faire entendre, dès le XVIIIe siècle, non seulement du côté des autorités étatiques et religieuses, mais aussi au sein du mouvement des Lumières lui-même. Comme l'explique Gérard Raulet, en Allemagne eut lieu au milieu des années 1780 un débat portant « sur le bon usage des Lumières, et sur leurs abus ». De sorte que l'on peut dire que « les écrits des cinq années qui précèdent immédiatement la Révolution française » constituent à la fois « l'apogée de l'*Aufklärung* et [...] l'heure de sa décision. Décision politique, sociale, idéologique et épistémologique ». Raulet précise que ce débat « en tant que tel [...] n'est pas neuf » et que l' « on en trouve la présence dans la correspondance de Frédéric II quelques trente ans auparavant »[6]. C'est-à-dire, peut-on ajouter, au moment où *l'Encyclopédie* vit le jour à Paris. Il n'est donc pas étonnant, comme nous verrons plus loin, que d'Alembert n'hésite pas à mettre en garde contre la possibilité d'un

[6] Gérard Raulet, *Aufklärung – Les Lumières allemandes*, Paris, Flammarion, 1995, p. 15.

abus des Lumières, tout en promouvant en même temps leur essor. C'est notamment le cas dans son ouvrage *Eléments de philosophie ou sur les principes des connaissances humaines* paru en 1759, qui contient une réflexion critique sur les Lumières et anticipe ainsi sur ce qui sera développé en détail deux siècles plus tard par Horkheimer et Adorno, à savoir la « dialectique des Lumières ».

Les ombres des Lumières

Domination et perte de transcendance :

Ecrite sous l'emprise de la Seconde Guerre mondiale, *La Dialectique des Lumières* présente une approche assez pessimiste des Lumières. A la différence du frontispice de l'*Encyclopédie*, les rayons du soleil de la raison n'y apparaissent pas, pour l'essentiel, comme un facteur d'espoir mais avant tout en tant que sujet d'inquiétude. D'autant plus que le premier chapitre du livre, intitulé précisément « Le concept de *l'Aufklärung* », débute par cette phrase-choc : « La terre entièrement 'éclairée' resplendit sous le signe de la catastrophe »[7]. Comment Horkheimer et Adorno sont-ils arrivés à ce constat qui sonne comme un écho lointain du « Prologue au ciel » où Mephistopheles rappelle ceci au sujet de l'homme : « Il pourrait vivre un peu mieux, si tu ne lui avais pas donné une lueur de la lumière du ciel. Il l'appelle 'raison', mais s'en sert seulement, pour être plus bestial que tout animal »[8].

---

[7] *Dialektik der Aufklärung,* Amsterdam, Querido, 1947, nouvelle édition Francfort-sur-le-Main, Fischer (1969), 1979, p. 43 et p. 7.

[8] Goethe, *Faust. Der Tragödie erster Teil,* Reclam, Stuttgart, 1969, p. 10-11.

La tonalité pessimiste de *La Dialectique des Lumières* découle de l'argumentation suivante : depuis toujours, l'homme voulait s'affranchir des angoisses que la nature lui inspirait et à cette fin, il a cherché à la dominer : « De tout temps, le mouvement des Lumières au sens le plus large de la pensée en marche, a eu pour but de libérer les hommes de la peur et de les rendre souverains. »[9] Différentes démarches successives devaient permettre d'atteindre ce but. Dans un premier temps, l'homme recourut à la magie, puis il élabora la mythologie, et depuis le XVIIe siècle les méthodes scientifiques furent développées[10]. Mais en fin de compte, tous ces efforts se retournèrent contre lui. Car ils menèrent à l'hégémonie de la raison instrumentale qui finit par dominer tous les domaines de l'existence et aussi les autres facultés de la raison, l'imagination et la réflexion critique notamment.

En recherchant un maximum d'efficacité[11], la raison instrumentale pouvait faire ses preuves dans les sciences de la nature. Et c'est à l'aide des lois de la logique formelle quelle parvint à rassembler les connaissances selon les modèles de la *scientia universalis* de Bacon et la *mathesis universalis* de Leibniz. Ces procédés qui permirent de rendre prévisibles et calculables les

---

[9] *Dialektik der Aufklärung,* p. 7. Pour Horkheimer et Adorno, le mouvement des Lumières ne commence pas au XVIIIe siècle mais caractérise la pensée humaine dans son ensemble. Horkheimer écrit à Leo Löwenthal que « les Lumières [...] sont identiques à la pensée citadine, voire, à la pensée en général ; car à vrai dire, la pensée habite seulement les villes ». Lettre du 23 mai 1942 citée d'après Martin Jay, *Dialektische Phantasie. Die Geschichte der Frankfurter Schule und des Instituts für Sozialforschung 1923-1950,* Francfort sur le Main, 1987. *La Dialectique des Lumières* affirme en ce sens que le processus des Lumières se poursuit « d'Homère jusqu'à l'époque moderne », de sorte que « l'histoire universelle et les Lumières sont identiques». *Dialektik der Aufklärung,* p. 7.

[10] Il s'agit de l'expérimentation et de la mathématisation.

[11] *Dialektik der Aufklärung,* p. 7.

mécanismes de la nature, ont certes libéré l'homme de sa peur initiale. Mais ils ont également stimulé le « désenchantement du monde », pour reprendre la formule utilisé par Max Weber[12].

A vrai dire le désenchantement commence déjà avec le mythe qui contient des préfigurations de l'approche scientifique de la nature: « C'est la mythologie elle-même qui a inauguré le processus infini des Lumières »[13], lit-on dans la *Dialectique des Lumières.* Car en se substituant à la pensée magique, elle a engendré une distance à l'égard de la nature qui fut accentuée par les sciences. Pour le magicien, la nature est animée de démons, et en accomplissant des rites ancestraux, il s'identifie à eux afin de pouvoir les intimider. La mythologie abolit en grande partie ce lien symbiotique car elle interprète les phénomènes comme des *représentations* d'une puissance invisible. En même temps le regard de l'homme sur lui-même changea de manière fondamentale : désormais il se définit comme étant créé à l'image de la puissance supérieure, et en parallèle il divise l'Être en deux parties, le *logos* et les phénomènes[14]. Les sciences achèvent la perte de l'unité originelle en traitant la nature comme du matériel brut dont l'homme peut disposer à sa guise: « La nature devient la matière chaotique de simples classifications. »[15] Un regard froid sur la nature, dépourvu de toute empathie en résulte. Le scientifique dans son laboratoire fait souffrir un animal pour d'autres raisons que le magicien dans une société primitive : il ne le considère pas comme un individu avec lequel il peut

---

[12] Max Weber, *Die protestantische Ethik und der Geist des Kapitalismus,* édité par Klaus Lichtblau et Johannes Weiβ, Neue Wissenschaftliche Bibliothek, Weinheim, Beltz, Athenäum Verlag, 2e édition, 1996, p. 153.

[13] *Dialektik der Aufklärung,* p. 14.

[14] *Ibid.,* p. 12.

[15] *Ibid.,* p. 13.

établir un contact personnel mais le traite seulement en tant que représentant d'une espèce. L'animal est condamné à mourir pour que la science puisse découvrir les mécanismes de la nature – dans la perspective de la maîtriser : « Ce que les hommes veulent apprendre de la nature c'est l'appliquer pour la dominer et pour dominer l'homme »[16]. Le désir de domination s'avère donc comme le principal moteur des Lumières, de sorte que Horkheimer et Adorno tirent la conclusion suivante : « Les Lumières se comportent vis-à-vis de la nature comme un dictateur à l'égard des hommes. »[17] Ce qui ne reste pas sans conséquences néfastes pour les relations humaines.

Dans la mesure où l'homme arrivait à dominer la nature extérieure, il fut obligé d'opprimer aussi sa propre nature[18]. En prenant les méthodes des sciences comme uniques modèles de toute connaissance, l'homme moderne s'est enfermé dans des structures très rigides qui détruisent l'individualité. En effet, pour être efficaces, les sciences ne tiennent compte que de ce qui est mesurable en écartant les particularités individuelles. Et comme ces méthodes ont fait leurs preuves au niveau de la nature, le champ d'application fut élargi au domaine social. De sorte que la société industrielle dont l'essor coïncide avec celui des sciences, fonctionne au fond selon les mêmes mécanismes que les sciences. La société moderne se caractérise, elle aussi, par la désindividualisation et la recherche d'un maximum d'efficacité. En conséquence de quoi « les hommes se voient contraints à la conformité réelle »[19] – autrement dit, ils deviennent de simples types sociologiques, des échantillons d'une nation ou d'un métier, voire « des représentants d'une espèce, identiques,

---

[16] *Ibid.*, p. 8.
[17] *Ibid.*, p. 12.
[18] *Ibid.*
[19] *Ibid.*, p. 15.

dans l'isolement d'une collectivité dirigée par la force »[20]. Cette constellation favorise l'essor de la « personnalité autoritaire » qui obéit aux exigences de l'Etat totalitaire[21], lui-même fondé sur le principe d'efficacité : « Mais l'ordre totalitaire instaure la pensée calculatrice entièrement dans ses droits et se tient à la science en tant que telle. Son credo est sa propre efficacité sanglante. »[22] En conséquence de quoi, Adorno et Horkheimer perçoivent le fascisme non pas comme un accident de l'histoire. Il constitue à leurs yeux la conséquence logique du progrès des Lumières, de l'*Aufklärung* en marche : « entièrement assujetti à la civilisation », l'homme se transforme en un « élément de cette inhumanité à laquelle la civilisation cherche à échapper »[23].

L'élévation des sciences en modèle unique de penser, mène à l'enfermement de l'homme dans l'immanence. Car les seules formes de vérité reconnues sont les systèmes scientifiques et l'évidence mathématique : « [L]a méthode mathématique est devenue, pour ainsi dire, le rituel de la pensée »[24]. En conséquence de quoi « la pensée se réifie pour devenir un processus automatique, qui se déroule de façon autonome en prenant pour modèle la machine »[25]. Etant donné que la formule mathématique se substitue à la réflexion, les Lumières finissent par éliminer successivement toutes les idées, même celles qui furent développées par les philosophes du XVIIIe siècle : « Ses propres idées relatives aux droits de l'homme subissaient le même sort que les idées universelles plus

---

[20] *Ibid.,* p. 36 et p. 77.

[21] Cf. Theodor W. Adorno, *The Authoritarian Personality,* New York, 1950.

[22] *Dialektik der Aufklärung,* p. 78.

[23] *Ibid.,* p. 31.

[24] *Ibid.,* p. 26.

[25] *Ibid.,* p. 25 et p. 77.

anciennes »[26] : elles sont exclues du discours dominant. Et en même temps toute activité intellectuelle jugée inutile et inefficace devient suspecte. L'homme moderne, éclairé, s'interdit ainsi le « bonheur de la connaissance » (*Glück der Einsicht*)[27], et il renonce également au regard critique sur l'existant. De sorte que la pensée devient incapable de satisfaire la revendication de Fichte, selon laquelle il faut « penser la pensée ». Elle se contente de répéter seulement ce qui existe déjà : « Le factuel a raison, la connaissance se limite à sa répétition, la pensée se transforme en simple tautologie. »[28]

La dialectique des Lumières réside donc en ceci : en renonçant à réfléchir sur ses propres productions et présupposés, l'*Aufklärung* s'est retournée contre elle-même. En libérant l'homme de la peur de la nature, elle l'a enfermé dans des structures plus contraignantes que celles auxquelles ses ancêtres voulaient échapper[29]. Car l'image mythologique et la formule scientifique ont ceci en commun : elles sont immuables et récusent la transcendance. Par conséquent elles confirment, toutes les deux, l'éternité de l'existant : « Les Lumières retournent vers la mythologie, à laquelle elles n'arrivaient jamais à échapper. Dans l'expressivité de l'image mythique comme dans la clarté de la formule scientifique l'éternité du

---

[26] *Ibid.,* p. 9.

[27] *Ibid.,* p. 8.

[28] *Ibid.*

[29] « La soumission de toute réalité au formalisme logique, qui apparaît comme le triomphe de la rationalité subjective, est acquise grâce à la soumission docile de la raison à ce qui est immédiatement donné. La connaissance abandonne toutes ses prétentions : comprendre ce qui est donné en tant que tel ; ne pas se contenter de relier les faits aux relations spatio-temporelles abstraites qui permettent de les saisir, mais les penser au contraire comme ce qui affleure, comme des moments médiatisés du concept dont la réalisation se développe en même temps que leur signification sociale, historique et humaine. » *Ibid,* p. 27 ; traduction Kaufholz, p. 43.

factuel est confirmée, et la simple existence (*Dasein*) est reconnue comme l'essentiel auquel il barre l'accès. » En conséquence, « le monde perçu comme un gigantesque jugement analytique – l'unique rêve qui subsiste de tous ceux que fit la science – est de la même espèce que le mythe cosmique qui associa l'alternance du printemps et de l'automne au rapt de Perséphone »[30]. De plus on constate ceci : la peur qu'éprouvait l'homme primitif face aux forces de la nature a laissé la place à une angoisse nouvelle, plus grande encore que l'ancienne. L'homme moderne est effrayé par sa propre capacité d'anéantir le monde à l'aide des instruments technologiques qu'il a créés lui-même : « Les hommes attendent que le monde sans issue sera incendié par une totalité (*Allheit*) qui n'est autre qu'eux-mêmes mais face à laquelle ils sont impuissants. »[31]

L'utopie secrète de la raison

Réflexion philosophique et œuvre d'art authentique :

Ce bilan négatif n'est pourtant pas le dernier mot de Horkheimer et d'Adorno et la *Dialectique des Lumières* contient plusieurs indices pour réfléchir sur la question suivante : comment peut-on sortir de l'impasse et éviter les pièges tendus par la raison instrumentale[32] sans entraver l'exercice libre de la raison ? De quelle manière faut-il oser se servir de son propre entendement ? Une étincelle d'espoir apparaît dans « l'utopie secrète de la

---

[30] *Ibid.,* p. 28; traduction Kaufholz p. 43.
[31] *Ibid.,* p. 29.
[32] Elle constitue une sorte de « cage d'acier », pour employer le terme utilisé par Max Weber à la fin de *l'Ethique protestante et l'esprit du capitalisme.*

raison » qui vise précisément une « totalité non totalitaire » par opposition à la « fausse » totalité caractérisant la société industrielle. Etant donné qu'elle respecte les différences[33], le clivage entre la philosophie et les sciences peut être dépassé par l'introduction de la réflexion dans la pensée. De sorte qu'une critique substantielle de l'existant devient possible ainsi que la réconciliation de l'homme avec lui-même et avec la nature.

Si la recherche de la « vraie universalité » caractérise la philosophie et la sociologie en tant que pratiques critiques, il y a encore un autre domaine qui lui est propice, à savoir l'art. Car l'œuvre d'art authentique fait beaucoup plus que représenter l'existant – elle ouvre à la transcendance. Plus encore elle remplit une double fonction comme l'indique la *Théorie esthétique* d'Adorno : d'une part elle constitue une sorte de cadran solaire pour établir l'état actuel de l'aliénation, d'autre part elle est un signe d'espoir. Avec Stendhal, Adorno partage l'avis que l'œuvre d'art soit une « promesse de bonheur »[34], et il souligne sa capacité de faire apparaître, dans le phénomène concret, une « totalité non totalitaire » apte à exprimer des moments de non-aliénation[35]. Autrement dit, en tant qu' « apparitions dans toute l'acception du terme, c'est-à-dire apparition d'un Autre »[36], les œuvres d'art sont en mesure de transgresser le « faux absolu » caractérisant la société industrialisée et

---

[33] *Dialektik der Aufklärung,* p. 76.

[34] Theodor W. Adorno, *Theorie esthétique,* traduit de l'allemand par Marc Jimenez, Klincksieck 1974, p. 24. L'expression « promesse de bonheur » empruntée à Stendhal est en français dans le texte allemand.

[35] Adorno donne comme exemple de l'éphémère le feu d'artifice.

[36] Theodor W. Adorno, *Theorie esthétique,* chap. I « Les Lumières et le frisson », p. 111.

de promouvoir ainsi la réappropriation de la transcendance perdue[37].

Horkheimer et Adorno ne sont pas les premiers à mettre en garde contre l'hégémonie de la raison instrumentale, même s'ils ont formulé la critique la plus radicale à son sujet. Au XVIIIe siècle déjà se font entendre des voix critiques – et pas les moindres, en Allemagne comme en France ; plusieurs remarques de Kant et de d'Alembert en témoignent. Dans sa réponse à la question de savoir 'Qu'est-ce que les Lumières ?', Kant écrit que « les définitions et les formules » sont des « outils mécaniques d'une utilisation raisonnée ou plutôt d'un abus des dons naturels » et il ajoute qu'elles constituent ainsi « les chaînes d'une immaturité éternelle »[38], il appréhende donc un abus des procédés développées dans les sciences et récuse toute démarche voulant en faire l'unique méthode de penser. Car pour lui, tout « emploi mécanique » de la raison va à l'encontre du *leitmotiv* des Lumières qui demande précisément de se servir de son propre entendement sans se laisser limiter par des formules et des dogmes.

---

[37] La *Dialectique des Lumières* ne mentionne pas la religion comme moyen pour retrouver la transcendance perdue. Au contraire, cet ouvrage rappelle que la civilisation chrétienne ne protégeait pas les faibles et que le comportement des seigneurs désapprouvait le principe de l'amour (p. 21-22). Mais le Horkheimer tardif perçut la religion à partir d'une autre perspective et la « nostalgie du tout Autre » devint essentielle pour lui. En souvenir du théologien protestant Paul Tillich il écrivit ainsi cette phrase remarquable : « L'idée qu'il faut respecter son prochain, voire l'aimer, perdra son fondement logique quand la dernière trace de la théologie sera effacée. » („Letzte Spur von Theologie. Paul Tillichs Vermächtnis", discours du 16 février 1966, publié dans la *Frankfurter Allgemeine Zeitung* du 7 avril 1966.) On peut en conclure qu'à côté de la réflexion critique et de la pratique artistique, la religion peut elle aussi contribuer à briser l'hégémonie de la raison instrumentale.

[38] *Was ist Aufklärung ?, op.cit.*, p. 10.

Quant à d'Alembert qui représente, selon Ernst Cassirer, « l'alliance heureuse entre les sciences de la nature et celles de l'esprit »[39], il a également compris que l'universalisation des méthodes des sciences constitue une menace pour l'humanité. Au début de son *Essai sur les éléments de philosophie ou sur les principes des connaissances humaines*, il compare en effet la « nouvelle méthode » (des sciences) à « un fleuve qui brise ses digues ». Certes, il reconnaît que la méthode scientifique a apporté « une nouvelle lumière sur quelques objets ». Mais il ajoute aussitôt qu'elle a également entraîné « une nouvelle obscurité sur plusieurs »[40], en l'occurrence dans le domaine du goût et de la production artistique. Et à partir de ce constat, l'ensemble du « Tableau de l'esprit humain au milieu du dix-huitième siècle » (qui ouvre l'*Essai sur les éléments de philosophie*) présente une image mitigée[41]. Dans un première temps, d'Alembert salue évidemment les changements en cours : « Pour peu qu'on considère avec des yeux attentifs le milieu du siècle où nous vivons, les événements qui nous agitent, ou du moins qui occupent nos mœurs, nos ouvrages, et jusqu'à nos entretiens, il est difficile de ne pas apercevoir qu'il

---

[39] Ernst Cassirer, *Die Philosophie der Aufklärung,* Tübingen[3] , 1973, p. 60.

[40] Jean le Rond d'Alembert, *Essai sur les éléments de philosophie ou sur les principes des connaissances humaines,* in *Œuvres complètes, op.cit.,* vol. I, p. 121-123. Cassirer cite ce passage au début de son livre *Philosophie der Aufklärung.*

[41] Pour approfondir ces questions voir mes publications à ce sujet : Angelika Schober, *D'Alembert, der vermeintliche Vater des Positivismus. Eine historisch-systematische Untersuchung,* Erlangen, Copydruck, 1983, 202 p ; *Les conceptions épistémologiques et politiques de d'Alembert vues à travers la pensée des Lumières, l'Aufklärung de Kant et le positivisme de Comte*, volume n°319 des *Studies on Voltaire and the Eighteenth Century*, The Voltaire Foundation, Oxford, 1994, 63 p. ; « Le génie chez Diderot et d'Alembert », *Diderot Studies XXIII,* 1988, p. 143-149.

s'est fait à plusieurs *égards* un changement bien remarquable dans nos idées ». Mais par la suite il affine sa réflexion en relativisant les bienfaits attestés. Ainsi il indique que « c'est au temps à fixer l'objet, la nature et les limites de cette révolution ». Selon d'Alembert il faut donc de la distance pour mieux évaluer les bienfaits et les dégâts qui sont en train de se produire, et il est convaincu que « notre postérité connaîtra mieux que nous les inconvénients et les avantages »[42]. Par la suite le ton devient encore plus critique et d'Alembert va jusqu'à ironiser sur la présomption de ses contemporains d'appartenir à une époque particulièrement éclairée : « Tout siècle qui pense bien ou mal, pourvu qu'il croie penser, et qu'il pense autrement que le siècle qui l'a précédé, se pare du titre de *philosophe ;* plusieurs écrivains lui ont donné le nom, persuadé qu'il en rejaillirait quelque éclat sur eux ». Lui-même préfère inviter ses lecteurs à une attitude plus modeste et plus critique.

Si d'Alembert reconnaît que « la science de la nature acquiert de jour en jour de nouvelles richesses » et qu' « avec elle presque toutes les autres sciences ont pris une nouvelle forme »[43], il en dénonce néanmoins des conséquences négatives : « cette fermentation agissant en tout sens par sa nature, s'est portée avec une espèce de violence sur tout ce qui s'est offert à elle, comme un fleuve qui a brisé ses digues. » Selon d'Alembert, les Lumières stimulent donc non seulement une évolution positive mais causent aussi des dégâts : « Une nouvelle lumière sur quelques objets, une nouvelle obscurité sur plusieurs, a été le fruit ou la suite de cette effervescence générale des esprits, comme l'effet du flux et reflux de

---

[42] *Eléments de philosophie,* in *Œuvres complètes, op.cit.,* vol. I, p. 122.
[43] *Ibid.*

l'Océan est d'apporter sur le rivage quelques matières, et d'en éloigner les autres. »[44]

Afin que le « fleuve » ne brise pas ses digues et que la raison instrumentale ne devienne pas hégémonique, d'Alembert propose d'avoir recours à d'autres procédés. Dans le même *Essai sur les éléments de philosophie,* il valorise ainsi l'imagination et l'intuition – bien qu'il soit l'un des mathématiciens et physiciens les plus importants du XVIIIe siècle. Ce qui peut s'expliquer par le fait qu'en étant scientifique il n'est pas moins aussi ancien élève de Port Royal. Et par là il reste fidèle à l'importance de la distinction pascalienne entre « esprit de géométrie » et « esprit de finesse ». Utilisant d'autres termes, il vise néanmoins les mêmes données quand il s'interroge sur les rôles de l' «esprit purement géomètre » d'une part et de l'«esprit géométrique » d'autre part (chez Pascal le premier porte le nom « esprit de géométrie », le second « esprit de finesse »). Et d'après d'Alembert, ces deux « esprits » (c'est-à-dire méthodes) se distinguent par le fait suivant : « l'esprit purement géomètre (qui correspond à l'esprit de géométrie) ne peut connaître le vrai que s'il en est directement frappé », tandis que « l'esprit géométrique » (qui ressemble à l'esprit) ressent [!] le vrai aussi dans l'obscurité et de loin »[45]. Autrement dit, le second esprit se distingue fondamentalement de la raison instrumentale et agit sous forme d'imagination et d'intuition. Et, toujours proche de Pascal, d'Alembert rappelle la complémentarité de ces deux « esprits » en demandant de les « faire marcher comme d'un pas égal »[46]. En ayant le courage de se servir de son *propre*

---

[44] *Ibid.,* vol. I, p. 123.

[45] *Essai sur les éléments de philosophie ou les principes des connaissances, Œuvres complètes,* vol. I, p. 154.

[46] *Ibid.,* vol. I, p. 155. Voir l'article de John Pappas, « L'esprit de finesse contre l'esprit de géométrie : un débat entre Diderot et

entendement il récuse donc toute tentative de vouloir introniser la raison instrumentale (c'est-à-dire l' « esprit de géomètre ») comme unique méthode de penser et à juste titre il demande de la compléter par les autres facultés de la raison.

Pour terminer, rappelons qu'Adorno appréciait d'Alembert précisément pour avoir reconnu la valeur de l'imagination. Les lignes suivantes de l'introduction à *La querelle du positivisme dans la sociologie allemande* le montrent : « Il vaudrait la peine d'écrire une histoire de l'imagination qui est au fond visée par les interdictions positivistes. Au XVIIIe siècle, chez Saint-Simon aussi bien que dans le *Discours préliminaire* de d'Alembert elle est comptée, ensemble avec l'art, parmi le travail productif et participe au développement des forces productives. Seulement Comte, dont la sociologie a effectué un tournant la fois apologétique et statique, est en tant qu'ennemi de la métaphysique aussi l'adversaire de l'imagination. »[47] Ajoutons que l'imagination – dont l'histoire reste toujours à écrire – est indispensable pour que l'utopie secrète de la raison puisse vaincre les ombres des Lumières.

---

d'Alembert », *Studies on Voltaire and the Eighteenth Century* n° 89 (1972), p. 1229-1253.

[47] Theodor W. Adorno et al., *Der Positivismusstreit in der deutschen Soziologie*, Sammlung Luchterhand 72, Darmstadt 1969, 5e édition 1976, p. 62-63. Adorno ne mentionne pas l'impact de Pascal sur d'Alembert.

2. L'éternel féminin dans l'espace de l'Eros

Un bel exemple pour la mise en pratique de la devise kantienne « Aie le courage de te servir de ton propre entendement » constitue le roman *Lucinde,* publié en 1799 par le philosophe-écrivain Friedrich Schlegel. Car ce texte fragmentaire, qui annonce le roman moderne, développe à sa manière le constat suivant que Goethe fait chanter le chœur des anges à la fin de la deuxième partie du *Faust :* « Et l'Eternel Féminin/ Toujours plus haut nous attire »[48]. L'intérêt principal de *Lucinde* réside en effet dans deux données reliées entre elles : nous y trouvons l'audace de traiter le plaisir érotique de manière plus explicite que cela n'ait été le cas jusqu'alors dans la littérature allemande, et de plus Schlegel y conçoit l'évolution personnelle à partir de l'épanouissement sexuel de l'homme. Ce qui distingue ce texte des *Années d'apprentissage de Wilhelm Meister*, le roman éducatif de Goethe, dans lequel les différentes femmes aimées par Wilhelm sont certes indispensables au développement de sa personnalité mais où le plaisir érotique apparaît de façon plus discrète. Les enjeux érotiques à peine voilés ont eu du reste pour conséquence que *Lucinde* provoqua un scandale au moment de sa parution et suscita des pamphlets anonymes, par exemple *Trois lettres à une fille de joie humaniste de Berlin au sujet de Lucinde de Schlegel.* Il fut même dit que ce texte « dépasse en dépravation peut-être les écrits immoraux des Français »[49]. Pour cette raison il nous paraît utile de le mettre par endroit en rapport avec un autre roman à

[48] Johann Wolfgang von Goethe, *Faust I et II*, traduit de l'allemand par Jean Malaplate, *op.cit.,* p. 497.

[49] Karl Konrad Polheim, postface à *Lucinde,* Stuttgart, Reclam, RUB 320[2], 1975, p. 110.

scandale paru au même moment en France, à savoir l'*Histoire de Juliette où les prospérités du vice* de Sade (1801), ce qui permet de montrer en quoi réside la différence de fond et les particularités du roman de Schlegel.

Friedrich Schlegel considère *Lucinde* comme un « hiéroglyphe éternel de la nature de l'amour »[50] et il réussit à y orchestrer une « totalité non totalitaire » dans l'espace de l'Eros pour reprendre l'expression de *La Dialectique des Lumières* qui évoque un état de réconciliation de l'homme avec lui-même, loin de toute domination.

L'héroïne du roman est présentée comme une femme libre qui ne respecte pas la morale en vigueur étant donné qu'elle vit en couple sans être mariée. Schlegel précise de plus que son attirance à la fois humaine et érotique émane non seulement de sa beauté physique, mais en large mesure de sa personnalité qui se caractérise par l'indépendance de l'esprit[51]. En tant qu'artiste peintre elle « avait déchiré de manière décisive et audacieuse tous les liens » pour adopter un style de vie « entièrement libre et indépendant ». A partir d'un idéal personnel, elle réussit à développer des valeurs individuelles par-delà l'éthique ambiante. Lucinde « faisait partie de ceux qui ne vivaient pas dans le monde profane, mais dans un monde imaginé, créé par elle-même ».[52] Fortunée et sans problèmes pécuniaires, elle choisit de vivre loin du monde dans une belle demeure à la campagne où elle se consacre à l'art et à l'amour. Schlegel souligne que son indépendance d'esprit « poussa bientôt le jeune homme Julius à se

---

[50] Cf. Friedrich Schlegel, *Sur le Meister de Goethe,* présenté par Jean-Marie Schaeffer, Paris, hoebeke,1999, p. 74.

[51] Lucinde a des traits de Dorothea Mendelssohn, sa future épouse et fille aînée du philosophe Moses Mendelssohn.

[52] *Lucinde,* p. 70-71.

rapprocher d'elle ». Lucinde l'attire d'autant plus qu'elle sait créer des œuvres d'une grande beauté qui reflètent sa personnalité. La « jeune artiste qui admire ce qui est beau », « comme le fait également Julius »[53], réalise des aquarelles, des pastels et des dessins à l'encre. Autodidacte, elle a conçu son propre style qui convainc par la manière personnelle de représenter les objets. Les paysages de Lucinde expriment une « belle allure sauvage » (*schöne Wildheit*) et rappellent par là son indépendance d'esprit. Quant à ses portraits, ils manifestent une « merveilleuse concordance » entre les différentes parties du visage et reflètent l'harmonie de sa personnalité. A vrai dire, la beauté de ses œuvres est le fruit d'un regard spécifique que Schlegel qualifie d'« entier » et qui exprime le fait que Lucinde soit elle-même « entière ». Ce qui veut dire qu'elle a développé un équilibre harmonieux entre les différentes composantes de son être : le corps et l'âme, la sensualité et la spiritualité se trouvent réconciliés en sa personne, de sorte qu'elle incarne à la fois l'idéal féminin du classicisme weimarien et les rêves romantiques.

Le côté immoral du roman de Schlegel qui choquait ses premiers lecteurs réside principalement dans la mise en valeur du plaisir érotique. Schlegel n'hésite pas à appeler l'union sexuelle « la plus belle situation qui soit » et de plus il relie l'évolution personnelle de l'homme à son épanouissement érotique. Et c'est dans cette double perspective qu'il définit le rôle éducatif de la femme. La vocation de Lucinde (en tant que prototype de la féminité romantique) est précisément d'accompagner l'homme pendant ses « années d'apprentissage de la virilité »[54]. A cette fin elle devra lui faire découvrir la beauté du vrai plaisir qui se situe loin de la simple satisfaction des sens

[53] *Ibid.*

[54] Titre du septième chapitre.

et peut faire penser à une union mystique. Afin d'accomplir cette mission, Lucinde est censée incarner plusieurs facettes de la féminité : elle est à la fois « femme », « amante », « amie »[55] et « prêtresse de la nuit »[56]. Et elle doit faire preuve de « grandeur d'âme »[57]. Ce qui la distingue de manière décisive, comme nous verrons plus loin, des personnages sadiens.

Dans la « Digression 2 » de *La dialectique des Lumières,* intitulée « Juliette ou les Lumières et la morale », Max Horkheimer présente l'*Histoire de Juliette ou les prospérités du vice* comme une mise en scène du *leitmotiv* des Lumières, selon lequel il faut se servir de son propre entendement sans être guidé par autrui. Ce roman illustre ainsi les conséquences déshumanisantes d'une raison libérée de toute tutelle à partir du moment où elle est réduite à sa seule fonction instrumentale. C'est-à-dire quand elle n'est plus qu'un simple « organe du calcul [et] de la planification », dont l' « élément est la coordination », « *neutre* à l'égard de son but »[58]. Etant donné que les différents épisodes de l'*Histoire de Juliette* témoignent de la recherche d'un maximum d'efficacité, Horkheimer rapproche ce roman du fonctionnement de la société industrialisée du XXe siècle et propose la comparaison suivante : « Les équipes sportives modernes dont les activités sont réglées avec une telle précision qu'aucun membre n'a le moindre doute sur le rôle qu'il doit jouer et qu'un remplaçant est prêt à se substituer à chacun, ont un modèle précis dans les jeux sexuels collectifs de Juliette, où aucun instant n'est inutilisé, aucun

---

55 *Ibid.,* p. 12 et p. 15.
56 *Ibid.*, p. 105.
57 *Ibid.,* p. 63.
58 *La Dialectique des Lumières, op.cit.,* p. 98.

orifice corporel négligé, aucune fonction ne reste inactive. »[59]

Volupté et évolution personnelle

Schlegel et Sade accordent une grande importance à la volupté. Schlegel parle du « feu sacré de la divine volupté »[60] ainsi que de « la plus belle situation qui soit »[61], pour Sade « le feu divin qui nous enflamme » est « l'unique bonheur sur terre »[62]. Mais cela n'empêche pas de différences notables au niveau des implications concrètes. La première en est que chez Schlegel « la divine volupté » apparaît dans la sphère intime du couple ; Lucinde dit à son bien-aimé : « Laisse reposer dans la nuit, n'arrache pas vers la lumière, ce qui brûle de manière sacrée dans la profondeur tranquille du cœur. »[63] Chez Sade, en revanche, rien n'est caché et l'intimité fait défaut. Dans son univers la volupté est souvent recherchée en public et comme une activité de groupe[64]. La deuxième différence fondamentale réside en ceci : Schlegel reconnaît deux formes de volupté, et dans cette optique il oppose une chair « vraie », lumineuse, à une chair corrompue, imprégnée par la mort. Si la première caractérise Lucinde, la seconde apparaît sous les traits d'une autre femme, Lisette, dont on apprend qu'elle

---

[59] *Ibid.*, p. 98-99.

[60] *Lucinde,* p. 26.

[61] Le deuxième chapitre de *Lucinde* porte le titre « Fantaisie dithyrambique sur la plus belle situation ».

[62] *Philosophie dans le boudoir,* Paris, Editions 10/18, 1972, p. 84.

[63] *Lucinde*, p. 106. De plus l'espace narratif du roman se limite à l'enclos d'une maison de campagne.

[64] Ce qui n'exclut pas l'existence d'enclaves à l'abri de regards indiscrets, la demeure du Moscovite par exemple ou les sérails de la « Société des amis du crime ».

« adore la virilité de Julius à la manière d'une bacchante »[65]. Pour cette raison elle ne peut retenir son amant auprès d'elle, sa liaison est passagère. Et le peu d'estime qu'éprouve Schlegel pour ce type de volupté, fondé uniquement sur le plaisir des sens, se reflète dans le fait que Lisette disparaisse. Elle se suicide, tandis le couple Lucinde-Julius s'installe dans la durée. Car il repose sur un fondement tout autre, à savoir l'amour personnel qui se veut dialogue : « Seulement dans la réponse de son "Tu" chaque "Je" peut entièrement ressentir son unité infinie. »[66]

Schlegel ne vise pas une sublimation du désir mais sa spiritualisation. Et l'harmonie qu'il recherche entre le corps et l'esprit rappelle non seulement certains textes de Goethe, par exemple *Le Divan occidental-oriental*, mais aussi le *Cantique des cantique.* A quel point le côté physique de l'amour est important pour lui ressort du reste aussi de sa critique à l'adresse d'une autre amie de Julius. Cette demoiselle « pleine d'esprit », qui est l'opposée de Lisette, méprise le côté charnel de l'amour qu'elle considère comme « grossier » et « animal ». Or, pour Schlegel, cette attitude est immature et ne constitue qu'un simple « commencement sans accomplissement»[67]. Dans la même optique, il met aussi en garde contre la pruderie. D'après Julius, « il est si évident et clair, que rien ne contredise davantage la nature d'une femme que la pruderie ». Elle est pour lui un « vice », auquel il ne peut « penser sans une certaine colère intérieure »[68].

---

[65] *Lucinde,* p. 55.

[66] *Ibid.,* p. 27.

[67] *Ibid.*, p. 69.

[68] *Ibid.,* p. 29. Ces remarques peuvent faire penser à l'*Histoire de Juliette* car Madame Delbène appelle la pudeur « une chimère » qu'elle interprète comme l'« unique résultat des mœurs et de l'éducation ». *Histoire de Juliette*, OC VIII, p. 55. Il y a pourtant cette

Pour ce qui est de la troisième différence dans la perception de « la plus belle situation » par Schlegel et Sade, elle réside en ceci : selon le premier, « la plus belle situation » est un facteur déterminant pour l'épanouissement de la personnalité humaine, le second, par contre, se désintéresse de l'évolution personnelle. *Lucinde* s'inscrit dans la tradition du roman éducatif (*Bildungsroman*) à la suite de *Wilhelm Meister,* auquel le titre du huitième chapitre fait une allusion explicite : *Lehrjahre der Männlichkeit,* c'est-à-dire années d'apprentissage de la virilité. En effet, le texte de Schlegel permet d'assister à une évolution en plusieurs étapes et à plusieurs niveaux. Avant de rencontrer Lucinde, Julius était immature à tous les égards. En amour, il n'était qu'un « virtuose de la virilité sachant défaire une ceinture avec goût » et l'ensemble de son comportement était très narcissique. Ne s'intéressant qu'à lui-même, il pensait dès son plus jeune âge au suicide. Il « détestait le monde avec tout ce qui existe, et en était fier »[69]. De manière générale, on peut dire que Julius avait un caractère « dur comme de l'acier pur »[70], et son manque de maturité se reflète dans sa peinture dont Schlegel constate qu'elle « était d'un sérieux rebutant » ; le charme et la légèreté ironique lui font défaut[71].

Grâce à Lucinde, Julius arrive à se transformer entièrement. Non seulement il devient un amant accompli, il acquiert de plus la capacité de composer des tableaux « vraiment beaux ». Les peintures réalisées en compagnie de sa bien-aimée regorgent ainsi d'une « lumière créée par l'âme », et font apparaître une « couleur fraîche » dans

---

différence de taille : Schlegel met en garde contre la pruderie au sein du couple, Sade étale l'impudeur au grand jour.

69 *Lucinde,* p. 63.

70 *Ibid.,* p. 70.

71 *Ibid.,* p. 66.

laquelle « fleurit la chair vraie ». C'est-à-dire, comme nous l'avons vu plus haut, une chair illuminée par l'esprit et l'amour. Evolution érotique et développement artistique vont donc ensemble, ils se conditionnent mutuellement et se complètent de façon heureuse. En stimulant l'épanouissement personnel, la « divine volupté » favorise aussi la création de la beauté dans l'art. A quoi il faut ajouter que l'amour entre Lucinde et Julius n'a rien à voir avec un couple fusionnel replié sur lui-même. Ils sont ouverts au monde : « Tout ce que nous avons aimé auparavant, nous l'aimons maintenant avec plus de chaleur » explique Julius, en précisant que « ce n'est que maintenant que nous avons vraiment développé l'intérêt pour le monde »[72].

A en croire Schlegel, il existe une grande différence entre les hommes et les femmes au sujet de l'amour : les premiers seulement doivent évoluer, les secondes en sont dispensées. La raison en est que d'après Schlegel la femme a des dispositions particulières qui assurent un « lien naturel entre la vie et l'amour »[73]. A la différence de l'homme, elle n'a besoin ni d'une initiation à l'amour, ni d'une métamorphose de sa personnalité. La « jeune fille dans son ignorance naïve sait tout, avant que l'éclair de l'amour ne fût allumé en son sein », elle possède un savoir intuitif avant que « le bourgeon fermé ne se soit ouvert pour former un calice fleuri du plaisir »[74]. Selon Schlegel, « le feu sacré de la volupté est enfermé dans les tendres cœurs » des jeunes filles. Et il est persuadé que ce feu « ne

---

[72] *Ibid.,* p. 89.

[73] *Ibid.,* p. 12 et p. 75. Le fait que la femme initie l'homme à l'amour fait penser au tantrisme. Mais Schlegel ne thématise pas cette branche du bouddhisme, ni dans *Lucinde,* ni dans son essai *Über die Sprache und Weisheit der Indier* (*Sur la langue et la sagesse des Indiens*) publié neuf ans plus tard en 1808.

[74] *Lucinde,* p. 28 : *Blumenkelch der Lust.*

s'éteint jamais tout entier, même s'il est terriblement négligé et sali »[75].

L'homme, en revanche, a besoin d'une évolution à la fois érotique et personnelle. Schlegel précise qu'au début de son parcours Julius n'éprouve que des pulsions égoïstes, et qu'il est à la fois « brûlant » et « froid », incapable d'aimer. Mais à la fin, grâce à l'influence positive de Lucinde il a changé : « l'électricité des sentiments » a laissé la place à une « chaleur harmonieuse » qui se répand à travers l'ensemble de sa personnalité en l'illuminant. Cependant, tous les hommes ne vont pas accomplir la métamorphose en question: « beaucoup de virtuoses de la virilité achèvent leur carrière », sans avoir été initiés au « degré supérieur de l'art de la volupté » (*höheren Kunstsinn der Wollust*) qui seul est capable de « transformer la puissance masculine en beauté »[76]. Selon Schlegel, il existe donc deux formes de plaisir : à celui du premier degré, uniquement sensuel et recherché par la plupart des hommes, il oppose une version supérieure, réservée à certains hommes seulement – à ceux qui se laissent humaniser par la femme. Autrement dit aux hommes qui ne mettent pas d'obstacle à ce que « l'éternel féminin toujours plus haut nous attire ». On constate par ailleurs que dans sa « Lettre sur la philosophie » adressée à Dorothea, Schlegel explique de manière complémentaire que la nature a doté les femmes d'empathie (« sympathie »), tandis que les hommes doivent apprendre à être attentifs aux autres. Il ajoute qu' « à côté de l'amour maternel (*Mütterlichkeit*) » aucune autre qualité n'est chez la femme « aussi essentielle et

[75] *Ibid.*, p. 26.
[76] *Ibid.*

originelle que la plus douce sympathie féminine » (*zartere weibliche Sympathie*)[77].

Chez Sade on ne trouve qu'une seule forme de volupté, celle qui correspond au stade inférieur d'après Schlegel. Mais nous pouvons observer ceci : si ses personnages (masculins et féminins) n'absolvent pas de parcours érotique au sens schlégélien, ils connaissent, eux aussi, une certaine évolution. Mais elle va dans le sens inverse. Son but est précisément d'étouffer les sentiments, tandis que pour Schlegel il s'agit d'acquérir « la grandeur d'âme ». Dans cette optique Sade donne le conseil de se méfier du cœur considéré comme une simple « expression des faux calculs de l'esprit »[78]. Et à sa place il préconise le calcul rationnel comme guide du comportement humain. Pour Schlegel et Sade, la capacité de jouir de la divine volupté suppose donc des attitudes opposées : le premier recommande de dépasser la dureté de l'âme[79], le second invite à l'acquérir. Comme la dureté de l'âme s'appelle aussi 'apathie', Pierre Klossowski voit en Juliette « le parfait exemple de la morale de l'apathie » : elle ne développe sa sensualité « qu'autant qu'elle progresse dans l'insensibilité »[80].

---

[77] „Über die Philosophie. An Dorothea", in *Friedrich Schlegel. Kritische Ausgabe seiner Werke*, édition Ernst Behler, Munich, Paderborn, Vienne, Verlag Ferdinand Schöningh, / Zurich, Thomas-Verlag, 1969, vol. VIII, p. 46.

[78] Il ajoute : « N'écoutez jamais votre cœur, mon enfant ; c'est le guide le plus faux que nous ayons reçu de la nature.» *La philosophie dans le boudoir*, p. 222 et p. 219.

[79] *Lucinde*, p. 73.

[80] Pierre Klossowski, « L'androgyne dans la représentation sadienne », in *Obliques*, n° 12-13, *Sade*, 1977, p. 247.

Revenons à Schlegel pour aborder un aspect supplémentaire. Les différentes étapes de l'éducation sentimentale dans l'espace de l'Eros s'expriment chez lui aussi à travers le regard posé sur le corps de la femme. Au début Julius fut attiré par le contraste entre le blanc de la peau de Lucinde et le noir de sa chevelure. Quand il l'embrassa pour la première fois, il ne sut admirer que « les boucles noires [qui] coulaient sur la neige de ses seins ronds ainsi que sur son dos parfait »[81]. Mais au terme de son évolution, après avoir « retrouvé sa jeunesse dans les bras de Lucinde », il est en mesure de distinguer une symphonie de tons gradués. La chair blanche – qui rappelle les statues de marbre, donc quelque chose d'inanimé et une proximité de la mort[82] – est maintenant animée par des reflets de lumière. L'œil de Julius « s'enivrait de la couleur qui semblait changer au rythme du jeu des ombres et restait néanmoins unifiée (*eins*) et identique à elle-même. » De sorte que l'épiderme de son âme-sœur apparaît comme « un mélange pur dont nulle part ni le blanc, ni le brun, ni le rouge ne se détachait seul ou se révélait de manière crue ». Et Schlegel spécifie que « tout cela était voilé et confondu (*verschleiert und verschmolzen*) dans l'éclat harmonieux d'une vie douce »[83].

Ce clair-obscur révélé par le corps de Lucinde illustre un aspect central de la philosophie schlégélienne, à savoir la volonté de rendre transparent l'indicible. Schlegel souhaite, en effet, donner une idée de ce que les mots ne peuvent exprimer, et ce désir s'inscrit dans une quête de

[81] *Lucinde,* p. 71.
[82] C'est le cas, par exemple, dans la nouvelle *La statue de marbre* de Joseph von Eichendorff.
[83] *Lucinde*, p. 73.

l'absolu visant tous les domaines de l'existence. Une fois de plus on constate une grande différence avec l'auteur de l'*Histoire de Juliette.* Chez Sade, l'indicible n'intéresse pas et dans son univers les tons gradués font défaut. De sorte que ses personnages féminins savent séduire précisément par cette beauté en noir et blanc que Julius apprécia initialement chez Lucinde. Ernestine, l'héroïne du récit du même nom, est décrite en ces termes : elle « était grande, faite à peindre, l'air noble et fier, les plus beaux yeux noirs, les plus vifs, de très grands cheveux de la même couleur [...] la peau la plus belle et la plus blanche »[84]. Elle illustre ainsi le type de beauté que Schlegel relie au premier degré de la volupté et à laquelle Sade s'arrête.

Nature et esprit

Les différences se confirment au sujet de la nature. Certes les deux auteurs recommandent de s'en inspirer mais leurs conceptions respectives varient sensiblement, ce qui se reflète dans l'ambiance générale des romans. Chez Schlegel, la nature est entièrement spiritualisée et pour Sade, le matérialiste, il n'y a pas de place pour l'esprit. Convaincu que l'amour entre l'homme et la femme fasse grandir l'amour pour l'humanité, voire celui de Dieu[85], Julius dit: « Si l'on s'aime comme nous nous aimons, la nature retrouve sa divinité originelle. Dans l'étreinte solitaire des amants, la volupté devient ce qu'elle est dans l'univers : le miracle le plus sacré de la nature ».[86] Etant

---

[84] Sade, *Ernestine*, Paris, folio, 1987, p. 19.
[85] Cf. Karl Konrad Polheim, postface à *Lucinde, op. cit.,* p. 118.
[86] *Lucinde,* p. 89.

donné que Sade propose une autre conception de la nature, le cadre naturel dans lequel agissent ses figures varie également. Au jardin verdoyant de *Lucinde* fait contraste, dans l'*Histoire de Juliette,* la plaine volcanique de Pietra-Mala avec le Vésuve. Et ces paysages très différents se reflètent dans le comportement humain. Un constat analogue vaut pour les sons émanant des deux univers. Tandis que chez Schlegel les amants silencieux écoutent le chant matinal des oiseaux qui correspond à la « charmante musique des sentiments »[87], on entend des bruits stridents dans l'œuvre de Sade : « Minsky jure, il hennit ainsi que les animaux. » [88] Il lui arrive même de rugir comme un lion, et à ces sons bestiaux se mêlent les cris des victimes.

Dans *Lucinde,* la nature est caractérisée par les mots « amour », « don » et « esprit » – et vingt-huit ans plus tard, on retrouve au fond une conception analogue de la nature ; bien que Schlegel ait abandonné entre temps la spiritualité romantique qui caractérise *Lucinde* et qu'il se soit converti au catholicisme[89]. Ses enseignements donnés à l'Université de Vienne sous le titre *Philosophie des Lebens (Philosophie de la vie*) le montrent. Le second cours, traitant de « L'âme aimante comme centre de la vie éthique (ainsi que du mariage) », explique en effet que l'« imagination fertile » ainsi qu' « une âme pleine d'amour sont les dons suprêmes d'une nature qui prodigue avec amour » (*liebevoll austeilende Natur*). La nature peut

---

[87] *Ibid.,* p. 103.

[88] *Histoire de Juliette*, *op. cit.,* OC, VIII, 602.

[89] Le 16 avril 1808 Friedrich Schlegel, fils de pasteur luthérien, s'est converti avec son épouse au catholicisme. Pendant son séjour à Paris entre 1802 et 1804 il commença à s'approcher de la foi catholique et cette évolution se confirma lors de son retour en Allemagne à Cologne (1804-1808) où il participait régulièrement à la messe à partir de 1806. D'après Andrea Neuhaus, « 'Dein armes, schönes Herz' », *Die Welt* du 12 avril 2008 (on-line).

se montrer si généreuse, car elle est animée par « l'esprit merveilleux qui agit en elle et au-dessus d'elle »[90]. De tels arguments sont irrecevables pour Sade. A ses yeux, la nature n'est qu'un simple assemblage de matière en constante transformation dont la destruction constitue le plus important ressort. Il demande ainsi : « Quelles sont les matières génératrices de la nature ? De quoi se composent les êtres qui viennent à la vie ? Les trois éléments qui les forment ne résultent-ils pas de la primitive destruction des autres corps ? ». Et il arrive à la conclusion suivante : « Si l'éternité des êtres est impossible à la nature, leur destruction devient donc une de ses lois [...] Ce que nous appelons la fin de l'animal qui a vie ne sera plus une fin réelle, mais une simple transmutation, dont la base est le mouvement perpétuel, véritable essence de la matière et que tous les philosophes modernes admettent comme une de ses premières lois. »[91]

Schlegel reconnaît, lui aussi, l'importance de la destruction dans la nature. Mais intègre les forces destructives dans le cadre d'une évolution vers le divin[92]. Ainsi son cours traitant « De l'âme par rapport à la nature » donne les précisions suivantes à ce sujet: « Si l'on comprend le jeu dynamique des forces vivantes de la nature [...] seulement comme un fait, sans y ajouter

---

[90] *Philosophie des Lebens in fünfzehn Vorlesungen, gehalten zu Wien im Jahre 1827.* „Zweite Vorlesung. Von der liebenden Seele, als dem Mittelpunkt des sittlichen Lebens; und von der Ehe", in *Friedrich Schlegel. Kritische Ausgabe seiner Werke*, édition Ernst Behler, *op. cit.,* vol. X, p. 33.

[91] *La philosophie dans le boudoir*, p. 206.

[92] Avec Ernst Behler on peut expliquer la conception schlégélienne de la nature de la manière suivante : elle n'est « pas une donnée panthéiste qui repose en elle-même » mais une entité qui se transcende constamment vers « la vie suprême et l'origine de toute vie ». Ce qui correspond au fait que Schlegel va considérer la *Philosophie de la vie* comme « la vraie philosophie de Dieu ». Introduction au volume X de l'édition critique des œuvres de Schlegel, p. XXXII et vol. X, p. 167.

quelque chose de supérieur […], alors elle n'est que ce monstre qui rumine éternellement, qui engendre et dévore tout – peu importe si l'on exprime cette donnée dans le langage poétique du mythe ou à l'aide des formules scientifiques de la physique. »[93] A la différence de Sade, Schlegel relie donc les réalités matérielles à l'esprit, autrement dit, à une entité transcendant la matière tout en lui étant inhérente. Et nous pouvons dire que l'absence ou la présence de cette entité appelée « esprit » explique en large mesure les différences le roman de Schlegel et celui de Sade.

Au début de ce chapitre nous avons dit que chez Schlegel le courage de se servir de son propre entendement apparaît dans le fait de thématiser le domaine de l'Eros de manière plus directe que cela n'ait été le cas dans la littérature allemande auparavant. Et que pour cette raison *Lucinde* suscita beaucoup des réactions hostiles. Mais Schlegel alla encore plus loin. A la différence d' « auteurs immoraux français » comme Sade, il ne conçoit pas son livre comme un texte antireligieux. Au contraire il écrit : « Lucinde, un livre religieux ».[94] Cependant, la forme de religiosité qui s'y exprime pouvait également choquer. Car Lucinde est divinisée. Julius parle non seulement de « la tête divine de Lucinde »[95], on apprend de plus qu' « il trouva l'harmonie entière » « seulement dans l'âme de Lucinde, où les germes de tout ce qui est magnifique et saint n'attendaient que l'éclair de son esprit afin de se déployer en la religion la plus belle »[96]. De plus, Schlegel cherche à réconcilier dans son roman

---

[93] Friedrich Schlegel, *Philosophie des Lebens,* Vierte Vorlesung. „Von der Seele in Beziehung auf die Natur", *Kritische Ausgabe seiner Werke*, *op. cit.,* vol. X, p. 83.
[94] Karl Konrad Polheim, Postface à *Lucinde,* p. 112.
[95] *Lucinde,* p. 72.
[96] *Ibid.,* p. 77.

plusieurs formes d'amour qui s'opposent traditionnellement : Eros côtoie en effet la Vierge Marie et Lucinde est d'une certaine manière identifiée à la mère du Christ. En apprenant qu'il deviendra père Julius dit : « Te souviens-tu que je t'ai écrit [...] tu resteras éternellement pure comme la Sainte Vierge de l'Immaculée Conception, et qu'afin d'être une madone, il te manque seulement l'enfant ? Maintenant tu l'as, bientôt je vais le tenir sur le bras. »[97] L'itinéraire de Schlegel montre que le courage de se servir de son propre entendement ne s'arrêta pas avec la rédaction de *Lucinde* et la mise en scène de l'absolu romantique. Il ressort aussi du fait que quinze ans plus tard il trouva dans le catholicisme l'idéal qu'il avait toujours cherché, celui de « la diversité infinie dans l'unité infinie »[98]. Bien que par ce choix il ait choqué une fois de plus son entourage.

---

[97] *Ibid.*, p. 86.

[98] Cf. Karl Konrad Polheim, postface à *Lucinde*, p. 110 : „*die unendliche Fülle in der unendlichen Einheit*".

3. La mort de Dieu

La thématique de la mort de Dieu est souvent reliée au nom de Nietzsche. Car il fait dire à Zarathoustra que « Dieu est mort. Nous l'avons tué »[99]. Et à « l'homme fou » il prête les paroles suivantes : « Les dieux aussi se décomposent ! Dieu est mort ! Dieu demeure mort ! »[100]. Mais Nietzsche n'est pas le seul à affirmer la mort en question, le même refrain retentit aussi chez d'autres auteurs. En Allemagne, on peut penser à Philipp Mainländer et notamment à Heinrich Heine que Nietzsche appréciait beaucoup et qui commenta la mort de Pan dans *Ludwig Börne* ainsi que dans les *Dieux en exil*. De plus il a introduit la thématique en France où il faudrait mentionner notamment Paul Bourget et Leconte de Lisle, ainsi que Michelet dont le premier chapitre de son roman *La Sorcière* s'intitule précisément « La mort des dieux »[101].

---

[99] *Ainsi parlait Zarathoustra.,* Prologue § 2, KSA IV, 14. Les textes de Nietzsche sont cités d'après la *Kritische Studienausgabe* (KSA) en quinze volumes éditée par Giorgio Colli et Mazzino Montinari, Munich, Deutscher Taschenbuch Verlag, 1980 (Berlin/ New York, de Gruyter 1967-1977), les volumes en chiffres romains, les pages en chiffres arabes. Pour ce qui est des poèmes de Nietzsche, nous citons d'après *Nietzsche. Werke. Kritische Gesamtausgabe,* Giorgio Colli et Mazzino Montinari, continué par Wolfgang Müller Lauter et Karl Pestalozzi, I.2. *Nachgelassene Aufzeichnungen Herbst 1858 – Herbst 1862,* édité par Johann Figl, Berlin/ New York, Walter de Gruyter, 2000. Si le nom du traducteur n'est pas indiqué pour une citation, elle fut traduite par nos soins.

[100] *Le Gai Savoir* § 125, traduit de l'allemand par Patrick Wotling : *Nietzsche. Le Gai Savoir/ Par-delà bien et mal,* présenté par Jean-François Mattéi, Paris, Flammarion, Le Monde de la philosophie, 2008, p. 193.

[101] D'après Giuliano Campioni, *Der französische Nietzsche,* traduit de l'italien par Renate Müller-Buck et Leonie Schröder, Berlin, New York, Walter de Gruyter, 2009, p. 250-258.

La position de Nietzsche mérite une attention particulière, car le courage de se servir de son propre entendement se manifeste aussi à ce sujet. En effet, Dieu n'est pas si mort chez lui que l'on pourrait le croire de prime abord, il a plutôt tendance à ressusciter. Ainsi les textes nietzschéens contiennent non seulement des traces de la mort de Dieu, mais révèlent aussi une continuelle recherche à son égard. Les multiples remarques sur le christianisme en témoignent à plusieurs reprises et sa relation complexe avec le Christ le confirme. Avec Franz Rosenzweig on peut même dire que Nietzsche a réintroduit le Dieu judéo-chrétien dans la réflexion philosophique. Car chez lui il devient de nouveau un sujet qui passionne, après que le rationalisme des Lumières avait essayé de le faire oublier. « L'histoire de la philosophie n'avait jamais contemplé un athéisme comme celui de Nietzsche » lit-on dans *L'Etoile de la rédemption*, et la raison en est qu'il est « le premier penseur qui – non pas nie – mais, au sens très proprement théologique du mot, le « dénie ». Plus exactement : le maudit ». Et nous voudrions ajouter, toujours avec Rosenzweig, que Nietzsche adopta cette position après avoir fait sienne la célèbre phrase de Kierkegaard : « Si Dieu était, comment pourrais-je supporter ne pas être lui ? »[102] De sorte que l'on peut dire ceci : « Le premier homme véritable parmi les philosophes fut aussi le premier à contempler Dieu face à face – fût-ce uniquement pour le dénier. »[103]

---

[102] Franz Rosenzweig, *Der Stern der Erlösung* (1921), 4e édition, La Haye, Martinus Nijoff, 1976 ; *L'Etoile de la rédemption*, traduit de l'allemand par Alexandre Derczanski et Jean-Louis Schlegel, Paris, Editions du Seuil, 1982, p. 29.
[103] *Ibid.*

D'autres auteurs ont également souligné le rapport passionnel de Nietzsche à Dieu. C'est le cas de Gustave Thibon selon lequel Nietzsche voulait se libérer de lui, sans y parvenir ; de sorte que sa pensée exprime le « duel d'un homme avec Dieu »[104]. A la différence d'un vrai athée qui a consommé la rupture, Nietzsche prit au sérieux son adversaire et ne cessa de se battre contre lui[105]. Etant donné que la « soif de Dieu dans l'âme » rencontre un rejet de Dieu « dans l'esprit »[106], les écrits nietzschéens contiennent à la fois les « analyses du vieux serpent de la connaissance qui rampe dans la poussière » et le « message ailé de la colombe, affamée d'amour». Avec cette particularité que les deux volets ne sont pas séparés, mais « monstrueusement accouplés comme dans un viol »[107]. En suivant Thibon, on peut même dire qu'« il était simultanément [...] le bourreau de Dieu et le bourreau de lui-même » et se demander si Nietzsche s'est détruit lui-même en voulant tuer Dieu[108].

Nietzsche connaissait le poème *Les Blasphèmes* de Jean Richepin dont la partie centrale porte le titre « La mort des Dieux »[109]. Mais les affinités s'arrêtent là. Car Richepin repousse toutes les divinités dans leurs tombes, y compris celles de la Grèce antique[110], Nietzsche en revanche vise seulement le monothéisme judéo-chrétien et vénère Dionysos en tant que représentant de la vie tragique[111]. De plus, l'assassin de Dieu n'est pas perçu de

---

[104] Gustave Thibon, *Nietzsche ou le déclin de l'esprit*, Paris, Fayard 1975 (1948), p. 9.

[105] *Ibid.*, p. 26.

[106] *Ibid.*, p. 25.

[107] *Ibid.*, p. 27.

[108] *Ibid.*, p. 40.

[109] La bibliothèque de Nietzsche contient cet ouvrage.

[110] Campioni, *Der französische Nietzsche, op. cit.*, p. 258.

[111] D'après Pierre Klossowski, Nietzsche a rendu au polythéisme des titres de noblesse en affirmant que tous les dieux riaient et se

la même façon par les deux auteurs. Richepin le présente comme un héros glorieux, pour Nietzsche, il est une figure pitoyable. Zarathoustra dit à son sujet qu'il est « l'homme le plus hideux », en précisant que sa demeure est un endroit lugubre surnommé « La Mort des serpents »[112]. Il s'agit, en effet, du « royaume de la mort », où il n'y a « ni herbe, ni arbre, ni chant d'oiseau »[113].

A en croire Nietzsche, l'assassin de Dieu se détestait lui-même, et pour cette raison il a choisi de tuer Dieu. Il ne pouvait pas supporter sa propre laideur, avait honte de ses imperfections et ne voulait pas accepter un témoin de sa misère. Ou, pour le dire dans le langage chrétien, l'assassin de Dieu ne voulait pas se reconnaître pécheur et refusait de se faire pardonner. Par conséquent, « le Dieu qui voyait tout, même l'homme, ce dieu devait mourir ! »[114] D'une certaine manière, l'homme le plus laid fait penser à Adam qui, lui aussi, éprouvait de la honte. Après avoir enfreint le commandement divin et goûté au fruit défendu de l'arbre de la connaissance, il s'est caché du regard de Dieu. Mais à la différence de l'homme le plus laid nietzschéen, il ne s'est pas révolté, mais accepta le verdict divin : « A la sueur de ton visage/ tu mangeras du

---

demandaient si ce n'est-ce pas précisément divin qu'il y ait des dieux mais pas Dieu. Cf. *Un si funeste désir*, Paris, Gallimard, 1963, p. 44.

[112] *Ainsi parlait Zarathoustra,* « L'homme le plus hideux », KSA IV, 327.

[113] *Ibid.,* KSA IV, 328 ; traduit par George Arthur Goldschmidt, Paris, Le livre de poche, 1983, p. 373. C'est une « vallée qu'évitent tous les animaux » sauf « une espèce d'horribles serpents verts » qui s'y rendent pour mourir. En tant que fils d'un pasteur luthérien, ayant fait des études de théologie à l'Université de Bonn pendant un an (1864-1865), Nietzsche n'ignorait pas que le désir d'être comme Dieu fut inspiré par le 'serpent'.

[114] *Ainsi parlait Zarathoustra*, « L'homme le plus hideux », KSA IV, 331. Le Dieu qui dérangeait tant « voyait les profondeurs et les abîmes de l'homme, toute la honte et toute la laideur cachées. »

pain,/ jusqu'à ce que tu retournes au sol,/ puisque tu en fus tiré./ Car tu es glaise/ et tu retourneras à la glaise. »[115] L'homme le plus laid, en revanche, préfère tuer celui dont le regard lui est insupportable. Il espère dépasser ainsi ce qui est humain, trop humain en lui. Animé par le désir de devenir "surhomme", il veut se créer lui-même à partir de ses propres forces, loin de Dieu.

Avec Eugen Biser on peut se demander si Nietzsche est le « destructeur ou le rénovateur du christianisme ». Certes, dans *L'Antéchrist* ses attaques sont virulentes, et toute retenue est abandonnée quand il appelle Jésus un "idiot". Mais cet ouvrage témoigne aussi d'autre chose : il révèle à vrai dire « l'inversion d'une logique qui dans sa surchauffe se tire en fin de compte dans son propre dos »[116]. En effet, la polémique excessive de *L'Antéchrist* n'empêche pas Nietzsche de proposer dans le même texte « une vue de l'intérieur du crucifié qu'aucun théologien n'ait jamais atteint » : il affirme que le Christ « s'interroge, souffre et aime avec ceux qui lui font mal. » En suivant l'argumentation de Biser, il faudrait donc dire que Nietzsche ne souhaitait pas porter un coup mortel au christianisme, malgré tout : « l'amour qu'il a découvert dans le regard du crucifié était plus puissant que la furie de la haine qui se déchaînait en lui. » Tandis que cette haine « voulait la destruction du christianisme », « l'amour jamais éteint voulait sa survie »[117].

---

[115] *La Genèse* I. Les origines du monde et de l'humanité, 1. De la création au déluge, 3 ; 19, *La Bible de Jérusalem,* traduite en français sous la direction de l'Ecole biblique de Jérusalem, nouvelle édition revue et corrigée, Paris, Les Editions du Cerf, 1998, p. 36.

[116] Eugen Biser, *Nietzsche – Zerstörer oder Erneuerer des Christentums?*, Darmstadt, Wissenschaftliche Buchgesellschaft, 2002, p. 78.

[117] *Ibid.*

De toute évidence Nietzsche perpétue l'héritage des Lumières en considérant, à la fin de l'*Antéchrist*, la religion chrétienne comme « une grande malédiction »[118] et en terminant *Ecce Homo* par la célèbre phrase de Voltaire : « Ecrasez l'Infâme ! » Déplorant que « le christianisme nous a privés de l'héritage de l'antiquité », Nietzsche lui adresse trois accusations principales. D'abord il lui reproche d'avoir mené « une guerre mortelle contre tout ce qui est noble sur terre »[119]. Car il considère le principe de « l'égalité des âmes devant Dieu » comme une « dynamite chrétienne » qui a affaibli les individus d'exception au profit de l'homme grégaire[120]. Nietzsche est même convaincu que ce principe a stimulé l'« insurrection des esclaves dans la morale »[121], et il pense que les retombées s'en font remarquer jusqu'à son époque. Le second reproche à l'adresse du christianisme concerne le domaine de l'Eros. Nietzsche critique la morale chrétienne d'avoir empoisonné la sexualité par le sentiment de culpabilité. Il constate qu'Aphrodite et Eros, ces « grandes puissances capables de stimuler l'idéal », furent transformées par l'Eglise « en lutins infernaux »[122]. Et la troisième accusation portée contre la religion chrétienne vise l'exercice du pouvoir : Nietzsche déplore en effet une confusion des deux règnes ! Saint Paul aurait fait preuve d'« humour tragique » en rétablissant « en

---

[118] La fin de l'ouvrage appelle le christianisme une « malédiction » rappelant ainsi le sous-titre : "Malédiction sur le christianisme".

[119] *L'Antéchrist* § 60, KSA VI, 249.

[120] *Ibid.,* KSA VI, 252. En faisant l'éloge de plusieurs personnalités catholiques françaises, il relativise cette position comme nous verrons plus loin.

[121] *Par-delà le Bien et le Mal,* « Sur l'histoire naturelle de la morale » § 195, KSA V, 117.

[122] *Aurore,* livre premier §76, KSA II, 73.

grand style ce que le Christ avait annulé par sa vie », à savoir le politique : « lorsque l'Eglise fut construite, elle a accepté l'Etat »[123]. Pour cette raison elle constitue, aux yeux de Nietzsche, non seulement une « caricature », mais une véritable « guerre organisée contre le christianisme »[124]. Il l'accuse de représente[r] exactement ce que Jésus a attaqué dans ses sermons et contre quoi il invite ses disciples à se battre»[125]. D'après Nietzsche, « Rome prêche un Christ qui a succombé à la troisième tentation ». Et il n'hésite pas à dire qu'en maintenant le royaume séculaire, l'Eglise proclamait l'Antéchrist[126]. Car le christianisme historique s'avère « radicalement différent » des intentions de son fondateur : il se trouve à « l'origine du pessimisme, tandis que Jésus voulait apporter la paix »[127].

Par ces propos Nietzsche adopte une position qui n'est pas sans rappeler la religion dans laquelle il a grandi : le protestantisme. On peut dire, en effet, qu'à plusieurs égards il restait fidèle à cette tradition, en dépit de différentes remarques polémiques contre Luther et du protestantisme allemand[128]. Par ailleurs, pour étayer son

---

[123] *Fragments posthumes*, automne 1885 - printemps 1886, KSA XII, 108.

[124] *Fragments posthumes,* novembre 1887- mars 1888, KSA XIII, 104.

[125] *Ibid.*, KSA XIII, 98.

[126] *Ibid.,* KSA XIII, 151. Il estime le *Discours sur la consécration de l'Electeur de Cologne* de Fénelon avec sa critique des liens entre religion et politique.

[127] *Fragments posthumes*, novembre 1887- mars 1888, KSA XIII, 114.

[128] Dans la *Généalogie de la morale* on lit : « Que l'on se rappelle Luther, pour sentir le contraste, le plus 'éloquent' et le plus immodeste des paysans qu'ait connu l'Allemagne, et le ton que Luther préférait dans ses entretiens avec Dieu. L'opposition de Luther aux saints médiateurs de l'Eglise (et en particulier au « pape, ce porc du diable ») était, sans aucun doute, l'opposition d'un rustre qui n'aimait pas la *bonne étiquette* de l'Eglise. » *Généalogie de la morale,* « Que

argumentation, Nietzsche se réclame même ces ancêtres ! Ainsi note-t-il en octobre 1888 : « Mes aïeux étaient des pasteurs protestants : s'ils ne m'avaient pas légué un esprit éveillé et intègre, je ne saurais dire d'où provient mon droit à combattre le christianisme. »[129]

Tandis que la critique nietzschéenne de la religion chrétienne a retenu beaucoup l'attention dès le début de la réception[130], c'est beaucoup moins le cas du fait suivant : à plusieurs reprises Nietzsche émet des avis favorables sur le catholicisme[131]. Ce qui se reflète du reste dans la question suivante posée à Lou Andreas-Salomé : « Où court-on quand toute la route a été parcourue ? Qu'advient-il quand toutes les combinaisons sont épuisées ? Ne devrait-on pas revenir à la foi ? Peut-être la foi catholique ? »[132] Certes, Nietzsche ne s'est pas converti, mais une certaine sympathie pour le catholicisme ne peut être niée. D'autant moins qu'il n'y trouvait pas

---

signifient des idéaux ascétiques ? » (§ 22, KSA, V, 394 ; traduction Angèle Kremer-Marietti, Paris, 10/18, 1974, p. 276-277). Au printemps 1888 Nietzsche se demande si l'on peut « imaginer une forme de croyance chrétienne plus abrutie et abrutissant davantage l'esprit [...] que celle d'un protestant allemand moyen ». *Fragments posthumes*, printemps 1888, KSA XIII, 240.

[129] *Fragments posthumes,* octobre-novembre 1888, KSA XIII, 623.

[130] Cf. Schober, Angelika, *Ewige Wiederkehr des Gleichen ? Hundertzehn Jahre französische Nietzscherezeption/ Eternel retour du même ? Cent dix ans de réception française de Nietzsche,* Presses Universitaires de Limoges, 2000.

[131] Cf. Angelika Schober, « Nietzsche, fasciné par le catholicisme ? », in Stamatios Tzitzis (dir.), *Nietzsche et les hiérarchies,* 'Commentaires philosophiques', L'Harmattan, Paris 2008, p. 139-157 ; voir aussi Angelika Schober, « Nietzsche et le christianisme », in A. Schober (dir.), *Le christianisme dans les pays de langue allemande. Enjeux et défis,* Presses Universitaires de Limoges, 1997, p. 97-108.

[132] Cité d'après Jules Chaix-Ruy, *Pour connaître la pensée de Nietzsche,* Paris, Bordas (1964), 1977, p. 128. Cf. Lou Andreas-Salomé, *Nietzsche,* § 39, Grasset 1932.

« l'atmosphère compassée [et] l'esprit de lourdeur qui avait pesé sur son enfance »[133].

Qu'apprécie Nietzsche dans l'Eglise catholique ? Il estime en particulier deux choses, l'existence d'individus d'exception d'une part, la liturgie solennelle d'autre part. Quant aux hommes exceptionnels, Nietzsche les trouve notamment dans le catholicisme français, et il mentionne Fénelon, François de Sales et Armand-Jean Le Bouthillier de Rancé. De plus, il se sent très proche de Pascal, l'auteur français le plus cité dans ses œuvres et fragments posthumes[134]. La finesse psychologique de Pascal lui convient tout autant que sa « conversation » avec Jésus, dans laquelle Nietzsche découvre précisément « la douceur la plus mélancolique qui n'ait été jamais exprimée ». Pascal est pour lui « le meilleur chrétien » en ce qui concerne « la ferveur, l'esprit et la loyauté »[135].

Mais il ne faudrait pas oublier ceci : c'est seulement en tant que personnalité hors du commun que Nietzsche admire François de Sales, ses traités théologiques ne l'intéressent pas. Il fait l'impasse sur *La vie dévote* et ne commente pas les réflexions sur l'amour de Dieu. Le précepte selon lequel « on doit tout faire par amour, rien par la force » est salésien, pas nietzschéen. Chez un autre saint, François d'Assise, Nietzsche estime néanmoins l'« exquise bonté [et la] communion délicate et tendre avec la vie universelle »[136]. De manière générale on peut dire que tout en admirant la capacité des saints de surmonter l'humain, trop humain, - il les considère

---

[133] *Pour connaître la pensée de Nietzsche,* p. 128.

[134] D'après l'index général établi par Jörg Salaquarda dans le volume XV de la *Kritische Studienausgabe.*

[135] *Aurore,* troisième livre, § 192, KSA III, 165.

[136] *Fragments posthumes,* novembre 1887 - mars 1888, KSA XIII, 183. Il peut s'agir d'une citation, car la phrase est en français.

comme « les hommes les plus forts »[137] – Nietzsche ne tient pas compte de leur foi. La source à laquelle ils puisent leur force reste occultée pour lui. En outre, il ne reconnaît pas l'importance de l'humilité : le désir de la dernière place, que sainte Thérèse d'Avila recommande à ses filles[138], n'est pas celui de Zarathoustra[139].

Pour ce qui est des liturgies solennelles et de la « *bonne étiquette* » de l'Eglise catholique, Nietzsche avance plusieurs arguments en leur faveur. Il apprécie qu'à la différence du protestantisme, le catholicisme autorise « uniquement les hommes les plus consacrés et les plus silencieux » à « entrer dans le saint des saints » et que l'accès soit interdit aux rustres[140]. Il estime de plus qu'en permettant aux fidèles de s'élever au-dessus du quotidien, la liturgie romaine a des affinités avec les cérémonies religieuses de l'antiquité[141] : « L'Eglise catholique et avant elle tout culte antique maîtrisaient la totalité des moyens par lesquels l'homme est transporté dans des états d'âme extraordinaires ». Ces états d'exception sont d'autant plus précieux qu'ils offrent la

---

137 *Fragments posthumes,* automne 1885 - printemps 1886, KSA XII, 41. Nietzsche leur atteste la volonté de se dépasser, la liberté et la loyauté, des traits donc que devrait avoir aussi le Surhomme, dont les contours restent flous.

138 Thérèse recommande d'observer scrupuleusement « si nous avançons ou reculons si peu que ce soit [...] dans la charité fraternelle et dans le désir de la dernière place ». *Le Château intérieur,* Cinquième demeure, traduit de l'espagnol par Marcel Bouix, Paris, Rivages poche/ Petite bibliothèque, 1998, p. 194.

139 Selon Jules Chaix-Ruy, Nietzsche a préféré à l'humilité « l'orgueil qu'il attribuait à un de ses maîtres : Héraclite ». *Pour connaître la pensée de Nietzsche,* p. 128 sq. Gustave Thibon va dans le même sens.

140 *Généalogie de la morale*, troisième dissertation : « Que signifient des idéaux ascétiques ? » § 22, KSA V, 394.

141 Ou plutôt spirituelle, mot absent cependant du vocabulaire nietzschéen.

possibilité de dépasser le « froid calcul intéressé ». Ils sont favorisés par le fait que, dans une église, plusieurs éléments agissent de concert en s'adressant à l'homme entier, non seulement à son intellect. Grâce à des « appels sourds, réguliers, retenus », l'oreille est touchée par le résonnement « d'accents profonds ». De plus, « une armée de prêtres [...] transmet involontairement son excitation à la communauté et la met à écouter presque anxieusement, comme si elle se préparait au miracle ». Et finalement, le rôle de l'architecture n'est pas à sous-estimer. En tant que « demeure d'une divinité », l'église « s'étend à l'infini, et dans ses espaces sombres elle fait redouter l'éveil de la divinité »[142].

Si ces remarques sur la liturgie et l'architecture attestent de l'estime de la part de Nietzsche pour le catholicisme, leur intérêt est encore plus grand quand on tient compte du fait qu'elles confirment ce qu'il apprécie de manière générale ; et qu'elles rappellent donc deux données essentielles de la pensée nietzschéenne. En effet elles mettent en exergue le « pathos de la distance », hautement prisé par Nietzsche dans différents contextes et attribué de manière explicite, dans la *Généalogie de la morale,* à tout ce qui est noble[143]. De plus, les réflexions ci-dessus correspondent au fait que de manière générale Nietzsche prenne ses distances vis-à-vis de la culture

---

[142] *Humain, trop humain* III, « La vie religieuse » §130, traduction de A.-M. Desrousseaux et H. Albert revue par Angèle Kremer-Marietti, Paris, Le Livre de poche, 1995, p. 129. Ces lignes correspondent à ce qu'écrit le pape Jean Paul II sur l'architecture des églises: « Dans les jeux d'ombre et de lumière, dans les formes tour à tour puissantes et élancées, interviennent, certes, des considérations de technique structurale, mais aussi des tensions propres à l'expérience de Dieu, mystère qui suscite 'crainte' et 'fascination' ». *Lettre aux artistes* du 4 avril 1999, Paris, Pierre Téqui éditeur, 1999, p. 25-26.

[143] *Par-delà le Bien et le Mal,* neuvième partie : qu'est-ce qui est noble ? § 257.

moderne fondée sur « le froid calcul » de la raison instrumentale. De *La Naissance de la tragédie* aux œuvres tardives il critique en effet la culture « socratique » pour être trop axée sur la rationalisme et pour ne pas être en mesure de satisfaire l'ensemble des dispositions humaines.

Pour résumer la position de Nietzsche relative au christianisme – allant d'une critique acerbe à l'estime de plusieurs données essentielles –, nous voudrions dire ceci : les apparentes contradictions peuvent s'expliquer à l'aide d'une définition donnée par Guglielmo Ferrero au sujet de la religion chrétienne. Selon lui, le christianisme est « une religion des masses, couronnée par une resplendissante super-aristocratie de docteurs et de saints »[144]. Appliquée à Nietzsche, on peut dire qu'il combattait la religion des masses tout en admirant les hommes d'exception cette « super-aristocratie » créée par le catholicisme ». Il est donc en mesure d'apprécier à la fois les grands saints et de critiquer le « doux moralisme » convenant aux masses, dont il pense du reste qu'il entraînera « l'euthanasie du christianisme »[145].

Rapports au Christ entre amour et parodie

Les rapports de Nietzsche au Christ[146] sont beaucoup plus nuancés que ne le laisse entendre la célèbre opposition

---

[144] Guglielmo Ferrero, *Pouvoir. Les génies invisibles de la cité,* New York, Brentano 1943, Paris, Plon, 1945, p. 47 ; cité d'après Jean-Luc Evard, « Bref éloge de l'élite à venir », *Conférence* n° 25, automne 2007, p. 523.

[145] *Aurore*, Premier livre § 92 : « Au lit de mort du christianisme », KSA III, 85-86.

[146] L'importance du Christ pour Nietzsche ressort aussi de sa haute fréquence : 128 notices dans les œuvres et fragments posthumes. D'après l'index de Jörg Salaquarda dans le volume XV de la *Kritische Studienausgabe.*

« Dionysos contre le Crucifié » notée pendant l'hiver 1888, juste avant l'effondrement psychique et physique. Karl Jaspers écrit à juste titre que Nietzsche se sent quelquefois « proche du Christ » et il pense que la critique à son égard « se présente sous une forme nettement plus réservée que celle du christianisme»[147]. On peut dire de plus, avec Jean-Luc Marion, que le Christ « hante la pensée nietzschéenne plus profondément qu'un adversaire ou une référence ». Il constitue en effet « le lieu typique et ultime que Nietzsche habite inconsciemment ou consciemment »[148]. Mais de quel Christ s'agit-il ? Nous verrons qu'il apparaît sous des formes différentes.

Le cycle de huit poèmes écrits au mois d'août 1862, à l'âge de 18 ans, montre que dès sa jeunesse la relation de Nietzsche avec le Christ est complexe[149]. Ces poèmes révèlent en effet une alternance entre attirance et rejet qui se manifeste en particulier dans la comparaison entre le sixième, le septième et le huitième poème. « Laisse-moi te découvrir mon cœur fermé », ainsi le titre du sixième poème, présente un homme pour lequel le regard du Christ, plein de tendresse, constitue une source de bonheur. Et en rien ce texte ne fait entrevoir que vingt ans plus tard, dans *Ainsi parlait Zarathoustra,* l'homme le plus hideux tuera Dieu, précisément pour échapper à ce regard.

---

[147] Karl Jaspers, *Nietzsche. Einführung in das Verständnis seines Philosophierens,* (1934/35), 3e édition, Berlin, de Guyter, 1950, p. 160. Eugen Biser confirme cette analyse dans son article « Le rapport de Nietzsche à Jésus, Une comparaison littéraire et psychologique », publié dans *Nietzsche et le christianisme. Concilium. Revue internationale de théologie* n° 165, Paris, Beauchesne, 1981, p. 100 ; traduit de l'allemand par Robert Givord.

[148] Jean-Luc Marion, *L'idole et la distance. Cinq études,* Paris, Grasset 1977, p. 86.

[149] Publiés dans *Germania,* la revue des pensionnaires de l'internat à Pforta.

« Laisse-moi te dévoiler
mon cœur fermé !
L'action secrète de ton amour,
avec tant de douceur et de grâce,
a recouvert ma froide souffrance,
isolée du monde.
de sorte qu'en moi jaillit le désir de toi,
ô toi, lumineux cierge céleste !

Laisse-moi te découvrir
comment le salut de ton esprit en secret,
me rafraîchit, à l'instar de la rosée.
quand tu me regardais
lorsque j'étais à tes pieds
et tu me serrais contre toi, plein d'amour
et de tendresse
j'étais si heureux
mon cœur battait si fort »[150].

L'intimité avec le Christ ressentie par le jeune Nietzsche, la communion presque mystique avec lui, ne durera pas[151]. Plus encore, elle est déjà remise en question au même moment, dans le même cycle de poèmes. Car le septième poème ne parle plus de l'amour du Christ. Nietzsche y exprime un autre désir, celui d'aller ailleurs. La première strophe, reprise à la fin du poème, témoigne du souhait suivant : Nietzsche veut « flâner ô flâner/ librement à travers le monde/ avec des rubans verts/ sur le chapeau et les habits ». Et cette disposition psychique est

[150] *Kritische Gesamtausgabe*, Abteilung I.2., p. 461. Merci à Sr Cécile Rastoin (ocd) d'avoir m'aidé pour cette traduction.

[151] Un lointain écho de ce bonheur perdu ressort de l'une des dernières remarques de Zarathoustra : « Est-ce au bonheur que j'aspire ? C'est à quoi j'aspire, c'est mon œuvre. » KSA IV, 408, traduction Goldschmidt, p. 466.

accompagnée d'une profonde mélancolie teintée d'un érotisme à peine voilé. De sorte qu'au doux regard du Christ se substitue maintenant le regard sensuel de biches, synonyme de jeunes filles : « Quand les biches me regardent/ doucement dans la forêt/ je deviens si mélancolique/ et pourtant je l'oublie aussitôt ».[152]

Si le septième poème exprime, somme toute, un état d'indécision, le huitième qui clôt le cycle ouvre encore une autre perspective qui se veut définitive : celle d'aller « vers l'abîme »[153]. Et dans ces lignes, intitulées *Saint Just,* le Christ se trouve remplacé par un personnage aux traits de l'Antéchrist dont le pouvoir de séduction est immense. De sorte que le jeune Nietzsche préfère suivre l'« homme blême et maigre », aux « cheveux noirs, longs et lisses », dont le regard est si différent de celui de Jésus :

« Il lance des regards merveilleux,
si profonds et étranges, creusés par la douleur,
comme si un ban horrible ligotait son cœur. »

Fasciné non seulement par les « membres distordus » de Saint Just, Nietzsche est attiré par l'ensemble du spectacle décrit en ces termes : « tout s'entremêle follement dans le scintillement d'une danse de sorcières ».[154] Le fait que cette danse aille « vers l'abîme » ajoute encore à la fascination de la scène infernale. Les derniers mots du huitième poème, et par là de l'ensemble

---

[152] Friedrich Nietzsche, *Kritische Gesamtausgabe* I.2., p. 461-462. Ce poème fait penser au début du livre *Scènes de la vie d'un propre à rien (Aus dem Leben eines Taugenichts)* de Joseph von Eichendorff que Nietzsche ne cite pas mais qu'il connaissait sans doute. Car on y trouve un désir analogue d'aller ailleurs.

[153] *Kritische Gesamtausgabe,* I.2., p. 462-463; poème daté du 11 août 1862.

[154] *Hexentanzgeflimmer.*

du cycle, le confirment : « Au-dessus de toi, les étoiles disparaissent déjà / tu suis Saint Just, le diabolique ».[155]

Etant donné que les poèmes d'août 1862 contiennent déjà cette alternance, voire cette similitude, entre accueil et rejet du Christ (qui caractérise l'ensemble de la vie de Nietzsche), nous ne voudrions pas parler d'un éloignement successif du Christ, tel que le fait Eugen Biser[156]. Il nous paraît plus approprié de dire que dès sa jeunesse Nietzsche hésite entre deux voies, ou entre « deux rois », pour reprendre le titre du premier poème. A quoi il faudrait ajouter que même dans les commentaires approbatifs, le Christ de Nietzsche ne correspond pas toujours à celui enseigné par l'Eglise.

On remarque d'abord que Nietzsche évite le mot Christ et préfère parler de Jésus. Car pour lui, « le Dieu sur la croix » est « une malédiction contre la vie »[157]. De plus il perçoit la résurrection comme une « hallucination collective »[158], dépourvue de tout impact salvateur. A partir d'une perspective soulignant l'humanité du Christ, Nietzsche met en valeur quelques aspects qui lui conviennent personnellement, sans se soucier de

[155] L'ensemble du cycle rappelle la problématique de la nouvelle *La statue de marbre* bien que l'issue soit exactement l'inverse. Chez Eichendorff, un jeune homme s'approche de la ville de Lucca, accompagné de deux hommes, Fortunato et Donati, qui représentent deux univers différents et deux formes de l'Eros : le christianisme et l'amour personnel d'une part, le paganisme et le désir vagabond inspiré par Vénus d'autre part. A la différence de jeune Nietzsche, Florio résiste aux tentations et se décide pour le monde du christianisme.

[156] Eugen Biser, « Le rapport de Nietzsche à Jésus. Une comparaison littéraire et psychologique », *op.cit.,* p. 96.

[157] *Fragments posthumes,* printemps 1888, KSA XIII, 267.

[158] *Fragments posthumes,* novembre 1887 - mars 1888, KSA XIII, 108.

l'exactitude théologique du propos[159]. En effet, le Christ de Nietzsche est avant tout un « esprit libre » qui se désintéresse de « ce qui est solide », et qui choisit de ne croire « qu'à la vie et à ce qui est vivant »[160]. Nietzsche voit en lui un « saint anarchiste », un « criminel politique », crucifié pour avoir « rejeté l'Eglise du judaïsme avec sa hiérarchie sociale »[161]. Il apprécia que Jésus se soit entouré de personnes souvent méprisées et qu'il « prit le parti contre ceux qui jugent ». En affirmant que Jésus « aimait les méchants, pas les bons», Nietzsche arrive à la conclusion quelque peu hâtive qu'il « voulait être le destructeur de la morale »[162]. Il passe ainsi sous silence que le Christ, selon ses propres paroles, n'aspirait pas à abolir la Loi mais à l'accomplir[163].

Il s'en suit par moment une sorte de caricature du Christ qui peut être accentuée par des parodies répétées. D'autant plus que Zarathoustra se glisse quelquefois dans la peau de l'Antéchrist[164], par exemple en se présentant comme celui qui apporte la vraie Bonne nouvelle, tandis

---

[159] D'après Paul Valadier les connaissances théologiques de Nietzsche étaient peu développées. Cf. *Nietzsche et la critique du christianisme,* Paris, Editions du Cerf, 1974.

[160] *Fragments posthumes*, hiver 1887/88, KSA XIII, 164. La vie se trouve aussi bien au centre des enseignements de Jésus et de Zarathoustra, mais dans les deux cas elle est connotée différemment.

[161] *Fragments posthumes*, novembre 1887 mars 1888, KSA XIII, 106.

[162] *Fragments posthumes*, été-automne 1882, KSA X, 61.

[163] *Evangile selon saint Mathieu,* Mt 5 (17-20) : « Je ne suis pas venu pour abolir la loi mais pour l'accomplir ». Dans le même esprit Nietzsche écrit dans *Par-delà le Bien et le Mal* : « Qu'importe la morale à nous, les fils de Dieu ! » KSA V, 101.

[164] Zarathoustra reconnait que ses ennemis lui découvrent « une grimace satanique ». *Ainsi parlait Zarathoustra,* « Conversation avec les rois », KSA IV, 309. Et Carl Gustav Jung voit en lui « l'incarnation de Lucifer ». Cf. *The Seminars*, vol. 2, partie 1: "Nietzsches Zarathoustra", éd. Janus L. Jarrett, Routledge, London 1989, séminaire du 17 octobre 1934, p. 171.

que le message évangélique ne serait qu'un « dysangile », une mauvaise nouvelle[165]. Pour Karl Löwith, *Ainsi parlait Zarathoustra* est donc un « évangile antichrétien » aussi bien au niveau du style qu'au sujet du contenu[166].

Quant aux parodies du Christ et autres allusions, les trois exemples suivants indiquent la tonalité générale. Zarathoustra persifle la passion du Christ, en remplaçant la couronne d'épines par une « couronne-rosaire » (*Rosenkranzkrone*), objet hybride dont le nom composite est formé à partir des deux substantifs « rosaire » et « couronne »[167]. De plus, il s'oppose au Christ en disant qu'il est « dur »[168], car le Christ se définit lui-même comme celui qui est « humble et doux de cœur »[169]. Et le plus grand écart se manifeste sans doute en ceci : à la différence du Christ, Zarathoustra veut vaincre l'amour qu'il éprouve pour les hommes, de peur que cet amour ne le conduise à la mort[170], comme c'était le cas du Christ. L'entretien avec le dernier pape en témoigne : « Tu l'as servi jusqu'au bout » constate-t-il, pour demander ensuite : « sais-tu *comment* il est mort ? Est-il vrai, ce que l'on dit, que la pitié l'a étranglé, - qu'il a vu l'homme *pendre* sur la croix et qu'il n'a pas supporté, que l'amour pour l'homme devint son enfer et enfin sa mort ? » Confronté à

---

165 *L'Antéchrist,* § 39, KSA VI, 211. A son éditeur Schmeitzer, Nietzsche présenta *Ainsi parlait Zarathoustra* comme le « cinquième Evangile ».

166 Karl Löwith, *Weltgeschichte und Heilsgeschehen. Die theologischen Voraussetzungen der Geschichtsphilosophie,* Stuttgart, Urban Bücher, 1953, p. 203.

167 Zarathoustra parodie également Napoléon car lui aussi s'est couronné lui-même : « cette couronne du rieur, cette couronne-rosaire : je me la suis mise moi-même sur la tête ». *Ainsi parlait Zarathoustra,* « De l'homme supérieur » § 18, KSA IV, 366.

168 *Ainsi parlait Zarathoustra,* KSA IV, 317.

169 *Evangile de Jésus-Christ selon saint Matthieu,* 11, 28-31.

170 *Ainsi parlait Zarathoustra,* « Hors service », KSA IV, 323.

cette mort jugée non seulement atroce mais insensée, Nietzsche préfère s'éloigner du Christ.

Le goût de la parodie[171] du Christ, mais aussi les remarques approbatrices à son sujet confirment que Nietzsche a réintroduit le Dieu judéo-chrétien dans la réflexion philosophique. En faisant sien la thématique de « la mort de Dieu » assez largement répandue dans la littérature et philosophie européenne depuis le siècle des Lumières, Nietzsche a développé des approches inattendues et fait preuve du courage de se servir de son propre entendement. De sorte que son œuvre ne se limite pas à une simple critique du christianisme mais fait ressusciter aussi, par moment, le Dieu déclaré mort.

[171] Il persifle les Evangiles aussi en se présentant comme un pêcheur. Car ainsi il s'arroge la mission de Saint Pierre. Au début du livre Zarathoustra n'est qu'un « pêcheur de cadavres » qui porte un saltimbanque écrasé (Prologue § 7, KSA IV, 23-24). Mais il veut devenir « le plus méchant des pêcheurs d'hommes » afin de découvrir ce qui est caché : « Dans la mer humaine [...] je plonge ma canne à pêche en or et je dis : ouvre-toi, abîme humain ! » *Ainsi parlait Zarathoustra,* « L'offrande de miel », KSA IV, 297.

4. Weimar à l'épreuve

L'idéal humaniste du classicisme allemand, issu de la philosophie des Lumières et développé à la cour du duc Charles Auguste de Saxe-Weimar-Eisenach, était une référence incontournable dans la pensée allemande jusqu'à la Première Guerre mondiale. Il peut se résumer ainsi : « L'homme tel qu'il fut perçu par Lessing, Herder, Schiller et Goethe (en dépit des différences que l'on peut observer chez eux) est *libre,* il est appelé à la perfection (qu'ils appellent « humanité »), il est *membre de la chaîne de tout le genre humain* qui approche progressivement l'idéal de la perfection ; chaque *individu* et chaque *peuple* doit remplir, grâce de sa *particularité,* une tâche spécifique dans le cours de l'évolution de l'humanité[172]. Cependant, dès le romantisme Weimar suscita aussi des critiques, et par la suite nous comparerons deux réactions à son égard : celle de Nietzsche à la fin du XIXe siècle, et celle de Raoul Hausmann, co-fondateur du mouvement Dada à Berlin après la Première Guerre mondiale. Cette comparaison se justifie par le fait que plusieurs dadaïstes aient considéré Nietzsche comme leur « maître conceptuel »[173]. Elle rappelle de plus en quelle mesure l'arrière-plan politique peut avoir des retombées sur l'histoire des idées.

---

[172] Edith Stein, *Der Aufbau der menschlichen Person. Vorlesung zur philosophischen Anthropologie*, introduit par Beate Beckmann-Zöller, *Edith Stein Gesamtausgabe*, Fribourg-en Brisgau, Bâle, Vienne, Herder 2004, vol. 14, p. 4.

[173] Cf. Hanne Bergius, *Montage und Metamechanik, Dada Berlin, Artistik von Polaritäten*, Berlin, Gebrüder Mann Verlag, 2000.

Les rapports de Nietzsche à Weimar sont complexes et se définissent au mieux en disant qu'il s'est approprié cet héritage avec beaucoup de liberté : il le gère à la fois comme disciple et en tant que commentaire critique. Le plus important différend se manifeste au sujet de Dionysos. De *La naissance de la tragédie* (1872) aux œuvres tardives, Nietzsche remet en question l'interprétation de la culture hellénique telle qu'elle fut proposée par les auteurs du classicisme allemand en leur reprochant notamment d'insister trop sur la clarté apollonienne. Dans le *Crépuscule des idoles* il précise que « flairer chez les Grecs de 'belles âmes' éprises du 'juste milieu' » n'est pas son affaire. Et il considère comme une « niaiserie allemande » le souhait « d'admirer chez eux [à l'instar de Winckelmann] la sérénité dans la grandeur » et la « noble simplicité »[174]. En ajoutant d'avoir été immunisé contre ce type d'interprétation « grâce au psychologue que je portais en moi »[175].

La perception des Grecs par Nietzsche met en exergue leur côté dionysiaque : « J'ai vu leur instinct le plus fort, la volonté de puissance, je les ai vu trembler devant la violence effrénée de cette pulsion. J'ai vu toutes leurs institutions naître des mesures de sauvegarde qu'ils prenaient pour se mettre mutuellement à l'abri de leurs *explosifs* internes. »[176] A partir de cette perspective, Nietzsche osa poser un regard nouveau sur les pulsions et leur rôle dans la vie humaine. Il remit en question la conception de l'homme comme *animale rationale*

---

174 En français dans le texte.

175 *Crépuscule des idoles*, « Ce que je dois aux Anciens », §4, KSA VI, 157 ; traduit en français par Jean-Claude Hemery, Paris, Gallimard, folio essais, 1988, p. 147.

176 *Ibid.*

prévalant d'Aristote jusqu'aux philosophes des Lumières. Précédant en quelque sorte les recherches de Sigmund Freud sur la sexualité, il affirme que « dans les mystères dionysiaques [...] prend forme le fondement de l'instinct hellénique – sa 'volonté de vie'». En demandant « que s'assurait l'Hellène à travers ces mystères ? » il répond qu'il s'agit de « la vie éternelle, [de] l'éternel retour de la vie », du « Oui triomphant en faveur de la vie par-dessus la mort ». Ce qui paraît possible en vénérant les « mystères de la sexualité »[177].

Cependant, l'éloge de Dionysos n'empêche pas Nietzsche de rester attaché à certains idéaux de Weimar, en l'occurrence la recherche de la bonne mesure et l'idéal de l'homme entier. Le premier apparaît dans l'aphorisme n° 230 d'*Humain, trop humain* Intitulé précisément « La bonne mesure et le juste milieu », car Nietzsche y exprime le souhait que ces « deux choses très nobles » soient respectées davantage à son époque au lieu d'être discréditées en tant qu'expression de la « médiocrité »[178]. Quant à l'idéal de « l'homme entier » (*ganzer Mensch*), Nietzsche l'honore à plusieurs endroits et à différentes échelles. Ainsi il apprécie chez Goethe, l'un de ses auteurs préférés[179], la capacité de « se discipliner pour devenir complet ». Il l'estime pour avoir trouvé l'équilibre entre la sensualité et la spiritualité : en s'inspirant du poète persan

---

[177] *Ibid.,* KSA, VI, 159. De douze années son cadet, Freud affirme s'être refusé le plaisir d'une lecture de Nietzsche », mais Paul-Laurent Assoun montre qu'il y a néanmoins des affinités. Cf. *Freud et Nietzsche,* Paris, PUF, 1980.

[178] *Humain, trop humain,* II, 230, KSA II, 484.

[179] Dans *Humain, trop humain,* « Opinions et sentences mêlées » § 408, Nietzsche écrit : « Quatre couples d'hommes ne se sont pas refusés à moi qui sacrifiais : Epicure et Montaigne, Goethe et Spinoza, Platon et Rousseau, Pascal et Schopenhauer. » Traduit de l'allemand pas A.-M. Desrousseaux et H. Albert revue par Angèle Kremer-Marietti, Paris, Le Livre de Poche, 1995.

Hafis, Goethe sut surmonter « le fossé entre raison, sensualité, sentiments, volonté » et reconnut que « chaque bon mariage, chaque vrai amour venant du cœur dépasse l'antagonisme entre la sensualité et la pudeur »[180].

L'idéal de l'homme entier se trouve le mieux illustré dans *Les années d'apprentissage de Wilhelm Meister* de Goethe ainsi que dans les *Lettres sur l'éducation esthétique de l'homme* de Schiller. Ces deux ouvrages ont nourri la pensée de Nietzsche même s'il ne le rappelle pas de manière explicite. Il aurait en effet pu souscrire à ce que Wilhelm écrit à son ami Werner au début du troisième chapitre du livre cinq : « Pour te le dire en un seul mot : me développer moi-même, tel que je suis de par ma nature, c'est là obscurément, dès ma jeunesse, mon désir et mon intention. »[181] Nietzsche cherchait lui-même à évoluer de cette manière tout en sachant qu'à la fin du XIXe siècle l'idéal de l'homme complet n'est plus vraiment de mise – même si le bourgeois cultivé se réfère de Weimar. Il fut détrôné par un autre idéal, celui du spécialiste. Ce qui veut dire que l'homme moderne, au lieu d'aspirer au déploiement de tous ses talents, préfère se concentrer sur un seul au détriment des autres et de l'ensemble de sa personnalité. Les remarques suivantes dans le chapitre « De la rédemption » montrent à quel point Nietzsche regrette cette orientation nouvelle.

Zarathoustra y déplore que l'homme ressemble à « un grand œil ou à une grande gueule ou à un grand ventre ou à quelque chose d'autre de grand »[182]. Et ce portrait peu flatteur est encore grossi par des mots précis : « Je n'en crus pas mes yeux et je regardai et regardai encore et dis

---

180 *Nietzsche contra Wagner,* KSA VI, 429.

181 *Wilhelm Meisters Lehrjahre,* livre V, chap. III, traduit de l'allemand par Blaise Briod, Goethe, *Romans,* Paris, Gallimard, Bibliothèque de la Pléiade, 1954, p. 427.

182 *Ainsi parlait Zarathoustra,* KSA, IV, 178.

enfin : ‘C’est une oreille! Une oreille grande comme un homme’. Je regardai encore mieux: et vraiment, sous l’oreille il y avait encore quelque chose qui bougeait et qui était pitoyablement petit et misérable et chétif. Et vraiment, l’immense oreille se trouvait sur une petite tige mince, mais la tige c'était un homme. Celui qui utilisait une loupe pouvait discerner même encore un petit visage envieux; aussi pouvait-il voir une petite âme boursouflée se balancer sur la tige. »[183]

On voit ainsi que pour Nietzsche la prétendue grandeur du spécialiste moderne constitue un énorme déficit ; d’autant plus qu’il surnomme les spécialistes « des infirmes à l'envers »[184]. Et pour y répondre, ce passage fait apparaître l’idéal de « l’homme entier ». Face au spectacle offert par l’homme moderne Zarathoustra s’attriste et veut y remédier. Désolé de ne voir autour de lui « que débris et morceaux comme sur un champ de bataille », il exprime ce qu’il appelle son « vœu le plus cher » : « Et voilà toute ma poésie et mon désir et ma rêverie : que je rassemble et compose en un poème ce qui est fragment et énigme et horrible hasard. »[185]

Ces phrases de Zarathoustra rappellent non seulement de manière générale l’idéal de l’homme entier, elles font penser aussi à la *Sixième lettre sur l’éducation de l’homme* de Schiller. A cette lettre donc qui compare l’homme antique à l’homme moderne (en l’occurrence celui du XVIIIe siècle) en déplorant que la totalité « organique » caractérisant la polis hellène n’existe plus. Car ce type

---

183 D’autres « oreilles » modernes sont également épinglées : « Mais avec le matin nouveau m’est venu une vérité nouvelle ; j’appris à parler ainsi : « que peuvent bien m’importer le marché et la populace et le vacarme de la populace et les longues oreilles de la populace. » « De l’homme supérieur », KSA, IV, 356; traduit par Georges-Arthur Goldschmidt, p. 406.

184 *Ibid.,* KSA IV, 178.

185 *Ibid.,* KSA IV, 179 ; Goldschmidt, p. 195-196.

d'organisation étatique fut remplacée par « un ingénieux agencement d'horloge dans lequel un assemblage de pièces innombrables mais inertes a créé une vie mécanique »[186]. Ce nouveau paradigme ne manquait pas d'avoir des conséquences importantes à l'échelle anthropologique : « l'homme qui par son activité professionnelle n'est plus lié qu'à un petit fragment isolé du Tout ne se donne qu'une formation fragmentaire ». Et Schiller arrive ainsi au constat suivant : « N'ayant dans l'oreille que le bruit monotone de la roue qu'il fait tourner, il ne déploie jamais l'harmonie de son être. » Autrement dit : « Au lieu d'inscrire l'humanité dans sa nature, [l'homme] finit par être uniquement le reflet de sa profession, de sa science »[187].

Nietzsche va plus loin que Schiller. Car il dépeint un véritable paysage de désolation, ce qui n'est pas le cas dans les *Lettres esthétiques.* Anticipe-t-il pour autant le célèbre tableau *Angelus novus* de Paul Klee tel que Walter Benjamin l'a interprété dans ses réflexions sur l'histoire ? Certains éléments se retrouvent en effet dans les deux cas. D'après Benjamin, l'Ange de l'histoire ne voit « qu'une seule et unique catastrophe, qui sans cesse amoncelle ruines sur ruines et les précipite à ses pieds. » La réaction de l'ange peut en effet faire penser à Zarathoustra, précisément à son vœu le plus cher. Car il « voudrait bien s'attarder, réveiller les morts et rassembler ce qui a été démembré »[188]. Mais les affinités s'arrêtent là pour la

[186] Friedrich Schiller, „Sixième lettre sur l'éducation esthétique de l'homme", *Über die ästhetische Erziehung des Menschen in einer Reihe von Briefen, Schillers Werke,* Nationalausgabe éditée par Benno von Wiese, zwanzigster Band, Philosophische Schriften, Erster Teil, Weimar, Hermann Böhlaus Nachfolger, 1962, vol. XX, p. 324.
[187] *Ibid.*
[188] « Sur le concept de l'histoire », neuvième thèse, dans *Œuvres de Walter Benjamin* III, traduit de l'allemand par Maurice de Gandillac,

raison suivante : pour Walter Benjamin la rédemption est impossible, l'ange n'est pas en mesure de redresser les ruines, il ne pourra pas réunir les débris. Une tempête venant du paradis l'empêche de le faire en le poussant « irrésistiblement vers l'avenir [...] tandis que le monceau de ruines devant lui s'élève jusqu'au ciel. »[189] Zarathoustra en revanche est optimiste. Il ne doute pas que son vœu le plus cher puisse se réaliser et que les débris éparpillés autour de lui soient assemblés en un ensemble. A la différence de Walter Benjamin, Nietzsche continue en effet à croire en la possibilité d'une rédemption, même s'il la conçoit différemment que dans la tradition judéo-chrétienne. Chez lui, il n'y a nul besoin d'intervention du Messie, la seule volonté humaine suffit ! Zarathoustra dit ainsi : « Délivrer ceux qui sont passés et métamorphoser tout 'c'était' en un 'je le voulais ainsi', – voilà seulement ce qui, pour moi, pourrait s'appeler rédemption ! » Et il précise : « Volonté – tel est le nom du libérateur et de celui qui apporte la joie : voilà ce que je vous enseigne mes amis ! ».[190]

Quelques décennies plus tard, la croyance nietzschéenne aux bienfaits de sa volonté humaine fut mise à rude épreuve par la catastrophe de la Première Guerre mondiale. Le tableau de Paul Klee et son interprétation par Walter Benjamin en témoigne, tout comme les réactions du mouvement Dada dont il sera question plus loin.

Rainer Rochlitz et Pierre Rusch, Paris, Gallimard, collection Folio essais, 2000, p. 434.

[189] *Ibid.*

[190] *Ainsi parlait Zarathoustra,* « De la rédemption », KSA IV, 248 - 249 ; Goldschmidt, p. 196.

Bien que Nietzsche honore l'idéal de l'homme entier du classicisme weimarien, il est très critique à l'égard des bourgeois cultivés qui se réclament de Weimar. Il leur reproche en effet de porter Goethe sur leurs lèvres sans le comprendre et de le trahir ainsi. Imbus de leur bagage culturel, ils oublient de l'utiliser à des fins créatives, de sorte qu'ils ressemblent à des encyclopédies ambulantes »[191]. Pour s'en démarquer, Nietzsche choisit comme *leitmotiv* de sa *Seconde considération intempestive* une phrase de Goethe : « Par ailleurs, je déteste tout ce qui ne fait que m'instruire sans augmenter mon activité ou la vivifier immédiatement. »[192] Il précise que la « force plastique » – qu'il appellera plus tard « volonté de puissance » – leur fait défaut[193].

Etant donné que le bourgeois cultivé se dit « fils des muses et homme cultivé » sans devenir créatif pour autant, Nietzsche lui reproche d'être exactement « le contraire du fils des muses, de l'artiste, de l'homme de haute culture »[194]. Sa culture est purement livresque : il « traîne avec lui une immense masse indigeste de pierres de savoir, qui, de temps à l'autre, bougent considérablement dans son corps, comme il est dit dans le conte. »[195] On peut dire aussi que le bourgeois cultivé a fermé ses grandes oreilles à l'appel kantien : il n'a pas le courage de se servir de son propre entendement. Au défi de penser de manière autonome, il préfère se fier à des autorités diverses, y

---

[191] *Deuxième considération intempestive. De l'utilité et de l'inconvénient de l'histoire pour la vie,* KSA I, 273.

[192] *Ibid.,* KSA I, 245.

[193] *Ibid.,* KSA I, 279 - 280.

[194] *Première Considération Intempestive, David Strauss, le confesseur et l'écrivain* §2, KSA I, 157.

[195] *Deuxième considération intempestive, De l'utilité et de l'inconvénient de l'histoire pour la vie,* KSA I, 272.

compris à « un livre qui tient lieu d'entendement » pour reprendre l'analyse de Kant[196].

Le chapitre « Du pays de la culture »[197] d'*Ainsi parlait Zarathoustra* développe davantage ce que Nietzsche reproche aux bourgeois cultivés. Il critique notamment un manque de discernement et d'authenticité ainsi que l'enferment dans le factuel de la réalité. Le manque d'authenticité va de pair avec l'absence de convictions personnelles : tout se vaut ![198] Et pour ironiser sur cette attitude, Nietzsche recourt plusieurs fois au mot *bunt* (bigarré) » : « jamais mes yeux n'ont rien vu d'aussi bigarré! », « on dirait que vous êtes faits de couleurs et de fiches secrètes. » Plus loin il ajoute : « de vos voiles, toutes les époques et tous les peuples surgissent de façon bigarrée ; de vos gestes, tous les mœurs et toutes les croyances parlent de façon bigarrée »[199].

Le manque d'authenticité favorise aussi le réalisme (ou positivisme) des habitants du pays de la culture qui les empêche d'aller au-delà des faits avérés. Se félicitant de ne compter que sur la seule rationalité et les faits

---

[196] Immanuel Kant, „Beantwortung der Frage: Was ist Aufklärung ?", *op. cit.*, p. 9.

[197] « *Vom Lande der Bildung* », KSA IV, p. 153-155. Le terme allemand *Bildung*, difficile à traduire en français, est généralement rendu par 'culture' et une *gebildete Person* est une personne cultivée. Mais *Bildung* au sens du néo-humanisme weimarien est plus vaste : elle vise l'épanouissement de l'ensemble de la personnalité humaine. Comme l'éducation de son époque ne correspond pas à cet idéal, Nietzsche la traite « avec un mépris impitoyable» en disant qu'elle est « sans sens, sans substance, sans but : une simple 'opinion publique'». *Ecce homo*, KSA VI, 316.

[198] Ce qui rappelle la position de l'historisme que Nietzsche critique vivement dans sa *Deuxième considération intempestive.* D'après Leopold von Ranke, toutes les cultures ont la même valeur, car elles se trouvent à équidistance de Dieu.

[199] La capitale du « Pays de la culture » que Zarathoustra laisse derrière lui se nomme ainsi « Bunte Kuh » (Vache bigarrée).

empiriques, ils disent : « 'Nous sommes entièrement réels, et sans croyance et sans superstition'. » Ils ne veulent pas admettre que l'être humain a besoin aussi de rêves et de visions, et qu'il lui faut la foi. « Et oui, comment devriez-vous être capables de croire, vous les bigarrés ! » s'écrie Zarathoustra, « vous qui êtes des peintures de tout ce qu'on n'a jamais cru ! » [...] « vous [qui] êtes des réfutations ambiantes de la foi même ». Dans sa polémique Nietzsche va jusqu'à leur reprocher de « casse[r] les membres à toute pensée ». Et il termine par un verdict sans appel: « *Indignes de foi :* c'est ainsi que *je* vous appelle, vous les réels! » En précisant que « vous êtes stériles: c'est *pour cela* que la foi vous manque. »

Sachant bien que la création nécessite le courage d'avoir de l'imagination et d'aller au-delà de la réalité des faits, Nietzsche rappelle que « celui qui était appelé à créer se fiait toujours aussi aux rêves prophétiques et aux signes zodiaques (*Wahr-Träume und Sternzeichen*) ». Plus encore, Nietzsche est persuadé que l'homme créatif « croyait en sa foi! » Le bourgeois cultivé en revanche (qui est avec le spécialiste le prototype de l'homme moderne), se méfie de tout ce qui est capable de transcender la réalité. Il préfère s'enfermer dans les structures existantes en développant une autosuffisance narcissique. Autrement dit, il s'entoure « de cinquante miroirs qui flatt[ent] le jeu de couleurs et le rép[ètent] »[200].

Certains éléments de la critique nietzschéenne du bourgeois cultivé reviennent dans *La Dialectique des*

---

[200] *Ainsi parlait Zarathoustra,* KSA, IV, 153. Eugen Rosenstock-Huessy a bien saisi l'importance de la foi pour Nietzsche quand il écrit: « Peu importe le contenu de ses doctrines, Nietzsche a néanmoins enseigné une foi inconditionnelle, une foi déraisonnée à l'instar de celle du Nouveau Testament – déraisonnée aux yeux des hommes d'Eglise [...] ». « Des Christen Zukunft », in Eugen Rosenstock-Huessy, *Die europäischen Revolutionen und der Charakter der Nationen,* Brendow, 1987.

Lumières où l'on peut lire ceci : « Le fait a le dernier mot, la connaissance se contente de sa répétition, le penser se réduit à une simple tautologie. »[201] Il y a néanmoins la différence suivante : pour Horkheimer et Adorno, « l'affirmation de l'existant » et le manque d'authenticité se manifestent principalement dans les produits de l'industrie culturelle destinés aux masses. En est moins concerné le bourgeois cultivé que l'ouvrier. Car c'est le second qui est censé avoir des « oreilles sourdes »[202]. De sorte qu'il est incapable d'« écouter de l'inédit avec ses propres oreilles et de saisir l'inconnu avec ses propres mains ». Nietzsche, par contre, accuse le bourgeois cultivé de ne pas accueillir le nouveau. Et pour conclure il dit donc que « le mot d'ordre du philistin » est le suivant : « On n'a plus le droit de chercher ».[203]

A quel point l'incapacité d'écouter l'inédit avec ses propres oreilles – déficit qui correspond au fond au refus de se servir de son propre entendement – est néfaste pour l'homme, ressort de la suite des réflexions nietzschéennes sur le pays de la culture. Car elles désignent ses habitants comme des nihilistes : « Vous êtes des portails à moitié ouverts où les croque-morts attendent », dit Zarathoustra en ajoutant que « cela est *votre* réalité: 'Toute chose mérite qu'elle se défasse' ». Ils ont donc fait leur le scepticisme que Goethe avait mis dans la bouche de Mephistopheles : « Je suis l'Esprit qui toujours nie. / A bon droit, car enfin, ce qui va se créant/ Ne mérite à coup sûr que d'aller au néant. »[204]

---

[201] *Dialektik der Aufklärung,* „Begriff der Aufklärung", p. 27; traduction Kaufholz, p. 43.

[202] *Dialektik der Aufklärung,* „Begriff der Aufklärung", p. 36.

[203] *Première Considération inactuelle, David Strauss, le confesseur et l'écrivain,* KSA I, 168.

[204] *Faust,* première partie, Cabinet d'étude, traduit de l'allemand par Jean Malaplate, *Goethe. Faust I et II,* Paris, Flammarion, 1992, p. 66.

Nous avons vu que Nietzsche critique le bourgeois cultivé qui se réclame de Weimar sans devenir créatif et qu'il perpétue néanmoins l'héritage du classicisme allemande en défendant la bonne mesure et l'idéal de l'homme complet. La donne change pourtant avec la Première Guerre mondiale. A travers le mouvement Dada la critique de Weimar devint plus agressive et ses fondements furent attaqués, car ils s'avérèrent inaptes à empêcher la guerre. Partout en Europe les dadaïstes posent un regard désillusionné sur l'homme, et en Allemagne ils le font de façon plus radicale qu'ailleurs. L'idée de la perfectibilité du genre humain, chère aux philosophes des Lumières, paraît absurde et l'idéal humaniste semble caduc. D'après Walter Benjamin, ce fut le moment où la satire sut le mieux répondre aux réalités politiques et sociales, et jamais auparavant l'auteur satirique n'eut trouvé un terrain plus propice que « dans une génération qui monte sur des tanks et enfile des masques à gaz ». Et il précise qu'il s'agit « d'une humanité qui n'a plus de larmes aux yeux, tout en continuant à rire »[205]. On peut ajouter que ce rire s'accompagne souvent de la volonté de détruire les structures anciennes, de sorte que les barbarismes caractérisant Dada font apparaître, toujours selon Walter Benjamin, la lutte contre la barbarie réelle.[206] A Berlin, les dadaïstes font de Weimar leur bouc émissaire qu'ils attaquent dans les deux acceptions du terme : en combattant la première République allemande du même

---

[205] Walter Benjamin, „Karl Kraus, Illuminationen", *Ausgewählte Schriften* 1, Francfort-sur-le-Main, suhrkamp taschenbuch, 1977, p. 372.

[206] A ce sujet voir *L'œuvre d'art à l'époque de sa reproduction industrielle,* cf. Gérard Raulet, *Positive Barbarei. Kulturphilosophie und Politik bei Walter Benjamin,* Münster, Westfälisches Dampfboot, 2004, p. 148-149.

nom, ils rejettent aussi les idéaux néo-humanistes développés à la cour de Weimar. Les deux volets étaient en effet reliés comme le rappelle Ernst Cassirer dans son discours *L'idée de la constitution républicaine,* prononcé en août 1929 à l'occasion du dixième anniversaire de la République de Weimar[207].

D'après le « dadasophe » Raoul Hausmann, il fallait « menacer les biens suprêmes et les idéaux les plus sacrés »[208] de la société allemande. Car pour lui, « Weimar n'est que mensonge et déguisement de la barbarie teutonique »[209]. En reprochant à la République de ne pas avoir fait table rase de l'Empire wilhelmien, il appelle à la révolte « contre les obligations imposées par Potsdam-Weimar »[210]. Les efforts du premier président allemand démocratiquement élu, le socio-démocrate Friedrich Ebert, n'y changent rien[211]. Hausmann rejette en bloc la jeune République, non seulement ses réalisations déficitaires. Et il en fait de même avec le classicisme weimarien. A la différence de Nietzsche, il en critique les idéaux et la phrase suivante est sans équivoque : « Je ne suis pas seulement contre l'esprit de Potsdam, je suis surtout contre Weimar. » Car de Goethe et de Schiller découlent, à son avis, « des conséquences plus lamentables que du roi Frédéric »[212]. A vrai dire, Hausmann tient le

[207] Ce lien apparaît dans le fait que l'Assemblée Nationale ait siégé dans le théâtre de Weimar.

[208] *Dada empört sich, regt sich und stirbt in Berlin (Dada s'insurge, se meut et meurt à Berlin*), in: *Dada Berlin. Texte, Manifeste, Aktionen*, édité par Karl Riha et Hanne Bergius, Stuttgart, Reclams Universalbibliothek (RUB), 2002, p. 9.

[209] *Ibid.,* p. 6.

[210] *Pamphlet gegen die Weimarische Lebensauffassung,* RUB, p. 52.

[211] « Nous ne voulons pas de démocratie » reconnaît-il. *Ibid.*, p. 51.

[212] *Ibid.,* Frédéric II de Prusse n'était pas seulement un monarque éclairé, ami des philosophes français, il instaurait aussi le militarisme prussien.

gouvernement Ebert-Scheidemann pour la « conséquence logique du « classicisme poétique » auquel il reproche précisément de n'être qu'un « uniforme qui ne représente pas le vécu ». La bonne mesure inhérente à l'esthétique weimarienne lui paraît incompatible avec la vie de tous les jours qui se caractérise en large mesure par des dissonances. En ce sens, le *Manifeste contre la conception de vie weimarienne* souligne que « le dadaïste est contre l'humanisme » et qu'il combat « l'idéal de la culture classique »[213]. Par conséquent, Hausmann veut en effacer toutes les traces. De manière provocatrice il propose ni plus ni moins que d' « enfoncer dans les latrines les écrivains allemands de Schiller à Werfel et de Goethe à Hasenclever »[214].

L'attaque globale contre les auteurs allemands épargne pourtant un nom – celui de Nietzsche. Hautement apprécié par les dadaïstes, il sert de référence à la recherche de nouvelles formes artistiques. Selon Richard Huelsenbeck, tous les dadaïstes étaient lecteurs de Nietzsche, Hugo Ball voulait rédiger une thèse sur lui et Picabia ne lisait, à en croire son épouse, que Nietzsche et Stirner[215]. De plus, Johannes Baader, le « super-dada » (*Oberdada*), s'adresse à Tristan Tzara en l'appelant « Cher Zara Tustra »[216]. Et dans le *Cabaret Dada*, Raoul Hausmann « chevauche une

---

[213] *Pamphlet gegen die Weimarische Lebensauffassung,* p. 50-52.

[214] Raoul Hausmann, *Alliterel, Delitterel, Sublitterel*, RUB, p. 55. En écrivant ces lignes, il ne pouvait pas savoir que Hasenclever s'est suicidé en 1940 dans le camp Les Milles près d'Aix-en-Provence. Voir Chapitre 6 : « Humour et humanisme ».

[215] D'après Gabrielle Duchamp-Picabia, in *DADA,* catalogue publié sous la direction de Laurent Le Bon à l'occasion de l'exposition *DADA* présentée au Centre Pompidou, Gallérie 1, du 5 octobre 2005 au 9 janvier 2006.

[216] Carte postale conservée dans la bibliothèque littéraire Jacques Doucet, Chancellerie des Universités de Paris, fonds Tristan Tzara et montrée dans l'exposition « Dada » en 2005 au Centre Pompidou à Paris.

chouette, l'animal de la sagesse, et il tient dans sa main les symboles de Zarathoustra, l'aigle et le serpent »[217]. On constate également que l'appel nietzschéen à « oser avec audace »[218] – qui rappelle l'invitation kantienne à penser de manière autonome – fut bien accueilli chez les dadaïstes. A certains égards on peut donc dire, avec Hanne Bergius, que Nietzsche était un « maître conceptuel » pour eux[219]. En ajoutant cependant qu'il s'agit d'un Nietzsche sélectif : ne sont retenus de sa pensée que des aspects dionysiaques, le côté 'weimarien' n'intéresse pas. Mais en l'utilisant de manière sélective, afin de stimuler leur propre créativité, les dadaïstes appliquent ce que Nietzsche recommande aux historiens : il faut rendre l'histoire utile à la vie, y compris l'histoire des idées. D'une certaine manière, Hausman et ses amis ressemblent donc aux « bons historiens » que Nietzsche surnomme du reste les « esprits artistiques forts »[220].

Le mouvement Dada s'inspire de Nietzsche en proposant une valorisation de la vie. « Qui est dadaïste ? », demande Johannes Baader et répond que c'est un « homme qui aime la vie sous toutes ses formes innombrables », autrement dit une personne qui « maîtrise tout le registre des expressions humaines de la vie ». Ce registre constitue un éventail très large, allant de « l'auto-persiflage grotesque jusqu'à la parole sacrée de la messe »[221]. Et il s'agit de traiter « nos affaires les plus vitales », de rendre visibles les « formes bigarrées et

---

[217] Richard Huelsenbeck, *Besuch im Cabaret Dada*, RUB, p. 95.
[218] *Ainsi parlait Zarathoustra,* « Des tables anciennes et des tables nouvelles » §7, KSA IV, 251.
[219] Cf. Hanne Bergius, *Montage und Metamechanik, Dada Berlin, Artistik von Polaritäten*, Berlin, Gebrüder Mann Verlag, 2000.
[220] *De l'utilité et de l'inconvénient de l'Histoire pour la vie*. KSA I, 263.
[221] Johannes Baader, *Wer ist Dadaist?*, RUB, p. 40.

brutes de la vie »[222], – « dans toute sa réalité brutale ». On peut dire aussi qu'il faut «brûler l'essence de la vie dans la chair »[223]. Cependant, à la différence de certains expressionnistes, August Macke en l'occurrence, les dadaïstes demandent de rechercher la vie intense non pas dans les tranchées de la guerre au milieu d'orages d'acier, mais au cœur des grandes villes[224]. Le « bruit de la rue » devait se substituer au vacarme des canons et les conflits sociaux sont censés remplacer l'impact des obus. De la sorte que la vie apparaisse comme un « mélange simultané de bruits, de couleurs, de rythmes »[225]. A partir de ce chaos, une multitude d'expériences nouvelles, tragiques et dionysiaques deviennent possibles. Mais cela suppose une condition douloureuse et irremplaçable, à savoir d'accepter la souffrance jusqu'à l'autodestruction. Car les dadaïstes, comme d'autres artistes, ressentent la souffrance comme une forme d'ivresse capable de stimuler la créativité.

Le courage de se servir du propre entendement se manifeste dans les activités dadaïstes à travers un double mouvement. Dans un premier temps, il provoque l'éclat des structures existantes (au niveau iconographique, grammatical, etc.), par la suite des formes inédites sont réalisées grâce au matériel obtenu. Et dans la même optique les auteurs du *Manifeste Dada* proposent de « recoller les lambeaux de leur corps à partir du tohu-bohu

---

[222] *Dadaistisches Manifest* 1918 rédigé par Tristan Tzara, George Grosz, Janco, Huelsenbeck, Hugo Ball, Preiss, Hausmann, RUB, p. 22.

[223] *Ibid.,* p. 23 et p. 22.

[224] Pour les dadaïstes l'expressionisme constitue la dernière manifestation de l'idéal weimarien à cause de l'importance accordée à l'intériorité.

[225] *Dadaistisches Manifest,* p. 23. Voir Delphine Jaunasse, *Raoul Hausmann. L'isolement d'un dadaïste en Limousin,* Presses Universitaires de Limoges, 2000.

des cataractes de la vie »[226]. De toute évidence, cette mise en valeur de la destruction s'oppose à l'esthétique weimarienne. Mais en exprimant les dissonances de la vie réelle, elle rappelle d'une certaine manière le « mythe tragique » selon Nietzsche. Car il montre que « même l'horrible et le discordant ne sont qu'un jeu artistique que joue la volonté avec elle-même dans l'éternel plénitude de son plaisir»[227].

D'après le *Manifeste Dada,* la vie intense, celle à laquelle le dadaïste peut dire « oui », est « une vie qui veut s'élever par la négation »[228]. Lorsque Heartfield demande « Que signifie Dada ? », il répond qu'il s'agit du « plaisir d'une activité créatrice »[229], en précisant que ce plaisir doit être animé par le désir de détruire les structures établies. En conséquence de quoi « tout produit » dont l'auteur éprouve « le besoin de poursuivre la destruction du monde contemporain en train de se décomposer », est perçu comme une « manifestation dadaïste »[230]. Ce nihilisme actif, inspiré d'une certaine manière par Nietzsche, devrait stimuler l'émergence de l'Homme nouveau dans un monde renouvelé. Johannes Baader ne souhaite ni plus ni moins que l'essor d'une humanité

---

[226] *Dadaistisches Manifest,* p. 22. L'importance du corps rapproche Dada de Nietzsche qui fait dire à Zarathoustra : « Je suis corps de part en part, et rien hors cela ; et l'âme n'est qu'un mot pour désigner quelque chose du corps ». *Ainsi parlait Zarathoustra,* « Des contempteurs du corps », KSA IV, 39.

[227] *La Naissance de la tragédie à partir de l'esprit de la musique,* § 24, KSA I, 152.

[228] *Dadaistisches Manifest,* RUB, p. 25.

[229] *Zur Einführung in die Erste Internationale Dada-Messe,* RUB, p. 119.

[230] *Ibid.* Il ajoute : « Est dadaïste tout événement réalisé sans se soucier des instances et valeurs publiques. Pourvu que son auteur [...] travaille à partir d'un besoin de poursuivre la décomposition du monde actuel. »

nouvelle à partir de « l'esprit Dada »[231]. Et dans le même sens Hausmann affirme que « nous voulons nous créer nous-mêmes, [ainsi que] notre monde nouveau »[232]. Le désir d' « augmenter la vie par la négation » rappelle évidemment le Surhomme nietzschéen. Mais ce terme est évité pour se distinguer des soldats allemands qui portaient *Ainsi parlait Zarathoustra* dans leurs bagages. Hausmann est convaincu que « grâce à Nietzsche, les Allemands auraient eu la chance de devenir « plus méditerranéens, plus sains, plus dadaïstes », au lieu de se méprendre comme des « par-dessus-tout-hommes » („*Überalles-menschen*")[233].

Comme Nietzsche, Hausmann ironise sur le philistin allemand, par exemple dans son texte *Der deutsche Spiesser ärgert sich*[234]. Mais il y a une différence de taille. Tout en critiquant le bourgeois cultivé pour être une « encyclopédie ambulante », il conserve néanmoins certaines valeurs de Weimar. Somme toute, son rapport à la culture est très différent de celui des dadaïstes. A juste titre Karl Löwith écrit que Nietzsche « persifle sur le 'pays de la culture' et 'l'immaculée connaissance' et condamne 'l'homme cultivé' », mais qu'il « dénonce aussi, en homme cultivé qu'il est, la 'croissante grossièreté du

---

231 *Wer ist Dadaist?,* RUB, p. 40.

232 *Pamphlet gegen die Weimarer Lebensauffassung,* RUB, p. 51-52. Par moment apparaît une sorte de messianisme teinté d'autodérision. Baader se présente comme le Christ de l'Apocalypse (*Christus reviendi*). Hausmann écrit sur sa carte de visite « président du soleil, de l'univers et de la petite terre » et il reprend ces termes sur son photomontage *Le critique d'art.*

233 D'après Hanne Bergius, *Montage und Metamechanik, op.cit.,* p. XIV. Ce jeu de mots est formé à partir de Surhomme (*Übermensch*) et la première ligne de l'hymne allemande : « Allemagne par-dessus tout » (*Deutschland über alles*).

234 Le philistin allemand se fâche.

goût' »[235]. Dada, par contre, souhaite détruire l'ensemble de la culture humaniste issue de Weimar et des Lumières.

Cette différence de fond se reflète au niveau du style. Les écrits dadaïstes contiennent souvent des expressions violentes et vulgaires. Ainsi le bourgeois cultivé est qualifié de « sale type », de « porc engraissé par la spiritualité »[236], etc. Le langage de Nietzsche, en revanche, ignore ce registre. La revendication dadaïste de « détruire tout sens jusqu'à ce qu'il n'en reste que le non-sens absolu »[237] n'est pas nietzschéenne non plus. Et quand il demande de « philosopher à coups de marteau », il veut stimuler deux attitudes différentes : détruire les structures existantes d'une part **et** sonder avec finesse les subtiles nuances d'un propos. Quant aux dadaïstes, ils se contentent du premier volet. La recherche de tonalités fines les dépasse comme le montrent les instruments choisis pour diffuser leurs idées : « Le maréchal de la propagande Grosz arrivait avec la grande caisse, l'insigne de l'empire universel de Dada ».[238] Ce qui n'est vraiment pas l'attitude de Nietzsche qui fait dire à Zarathoustra que « ce sont les mots les plus silencieux qui amènent la tempête. Des pensées qui viennent sur des pattes de colombes mènent le monde »[239].

---

[235] Karl Löwith, *Von Hegel zu Nietzsche. Der revolutionäre Bruch im Denken des neunzehnten Jahrhunderts* (1939), traduit de l'allemand par Rémi Laureillard, Paris, Gallimard 1969, p. 238. Il y a encore une autre différence. Pour les dadaïstes, proches du marxisme, « l'art dépend de l'époque dans laquelle il s'exprime » et « les artistes [sont] des créatures de leur époque » (*Dadaistisches Manifest,* RUB, p. 22). Nietzsche par contre se veut intempestif.

[236] Richard Huelsenbeck, *Der neue Mensch,* RUB, p. 13.

[237] Raoul Hausmann, *Allitel*, RUB, p. 56.

[238] Richard Huelsenbeck, *Cabaret Dada*, RUB, p. 95.

[239] « L'heure la plus silencieuse », *Ainsi parlait Zarathoustra,* KSA IV, 189 ; Goldschmidt, p. 207.

En effet, nous avons à faire à des conceptions de l'art très différentes. Certes, dans les deux cas, il figure en tant que « grand stimulant de la vie» – par opposition à Kant qui définit l'art comme un « plaisir désintéressé » (*interesseloses Wohlgefallen*). Mais il y a néanmoins cette différence : tandis que Nietzsche aspire à la « délivrance de la souffrance dans la belle apparence »[240], les dadaïstes rejettent précisément tout ce qui avoisine la belle apparence. Ils vont jusqu'à récuser toute attitude esthétique vis-à-vis de la vie[241]. Et ils ne partagent pas la conviction nietzschéenne selon laquelle le contact avec le beau augmente la puissance créatrice, tandis que le laid l'affaiblit[242]. En effet, pour Nietzsche, « le laid (*das Häßliche*) est l'expression d'une dépression »[243], ce qui est irrecevable pour Hausmann. En voyant « l'embellissement [comme] conséquence d'une augmentation de la force »[244], Nietzsche se montre donc une fois de plus disciple de Weimar – à la différence des dadaïstes.

Pour clore cette comparaison entre la réception de Weimar par Nietzsche et Hausmann, rappelons que les différences que nous avons constatées peuvent s'expliquer en partie par l'arrière-plan politique. En effet, cette toile de fond a considérablement changé entre les années quatre-vingt du XIXe et les années vingt du XXe siècle. Tandis que Nietzsche eut à faire à une Allemagne chauvine, imbue d'elle-même, les dadaïstes vécurent des données très différentes dans un pays en crise politique, sociale et morale. Mais comme nous verrons dans les chapitres suivants, l'arrière-plan sombre de la République

---

240 *La Naissance de la tragédie de l'esprit de la musique,* KSA I, 44.

241 *Dadaistisches Manifest,* RUB, p. 24.

242 *Crépuscule des idoles,* KSA VI, 124.

243 *Fragments posthumes,* printemps 1888, KSA XIII, 296.

244 *Ibid.,* KSA XIII, 293.

de Weimar, voire du nazisme, n'a pas empêché d'autres auteurs, en l'occurrence Ernst Cassirer et Lion Feuchtwanger, de préserver l'héritage des Lumières et de ne pas abandonner la croyance en l'homme. Malgré tout !

5. Antidotes contre la barbarie

Pour répondre à la barbarie réelle de la Première Guerre mondiale et aux difficultés de l'après-guerre, les dadaïstes allemands prônèrent la destruction des structures établies en art et en politique. Mais au même moment Ernst Cassirer concrétisa l'appel kantien d'une autre manière en proposant une voie différente pour sortir de la crise. L'ensemble de son travail de philosophe et d'historien des idées témoigne en effet de la ferme volonté de défendre les valeurs de Weimar (dans les deux acceptions du terme) et celles des Lumières. Quelques exemples concrets sont en mesure de le confirmer, et nous avons choisi en particulier la joute avec Heidegger en 1929 à Davos, l'analyse du fonctionnement du nazisme[245] ainsi que la conférence « Judaism and the Modern Political Myths », donnée au printemps 1944 devant un public restreint à New York[246]. A en croire Albert Einstein, Cassirer était du reste « l'une des rares personnes de notre génération qui nous aidaient à maintenir en quelque sorte la croyance en l'homme ». Car il était « un esprit clair et net, un homme serein, compréhensif [...] d'une dignité naturelle »[247].

Certes, Cassirer n'a pas combattu le nazisme de façon concrète[248] et durant les années vingt ainsi qu'au début

---

[245] Elle fut entreprise dans *Le Mythe de l'Etat,* publié en 1946 en anglais aux Etats-Unis par Yale University Press.

[246] « Judaism and the Modern Political Myths », in Donald Phillip Verene (éd.), *Symbol, Myth and Culture: Essays and Lectures of Ernst Cassirer,* New Haven, Yale University Press, 1979.

[247] http://www.helmut-zenz.de/hzcassirer.html, p. 10; consulté le 8 février 2004.

[248] Mais il a défendu la République de Weimar dans son discours du 11 août 1929, à l'occasion du dixième anniversaire de la jeune République. Cassirer y souligne aussi les liens avec les idéaux du néo-

des années trente, il se comportait comme si la dictature antihumaniste n'était pas en train de s'imposer. Selon son épouse il n'avait pas saisi le danger dans un premier temps : « Profondément enraciné dans la culture et la philosophie allemandes, Ernst refusa longtemps de reconnaître la menace dans toutes ses dimensions. »[249] Mais cela n'empêche pas que son œuvre contienne néanmoins de puissants antidotes contre la barbarie.

La joute de Cassirer avec Heidegger

Bien que le sujet officiel du cycle de conférences des « Semaines universitaires internationales » de Davos en 1929 ait été « Kant et la métaphysique »[250], l'enjeu dépassa de loin ce cadre. En effet, deux conceptions de l'homme s'y affrontaient. Celle de Heidegger remet en question la culture de l'humanisme et demande de « transformer le sol en abîme » afin de permettre à l'homme d'affronter « la dureté du destin ». Et celle de Cassirer qui essaie précisément de consolider le sol en question pour sauvegarder la culture menacée afin que l'homme ne retombe pas dans les pièges du mythe. Lorsque Heidegger posa la question décisive, à savoir si la philosophie devait libérer l'homme *de* l'angoisse, ou si sa vocation était plutôt de le livrer *à* l'angoisse, Cassirer

---

humanisme weimarien. Ernst Cassirer, *Gesammelte Werke,* éditée par Birgit Recki, Hambourg, Felix Meiner Verlag, 2004, vol. 17, p. 291-307.

[249] Toni Cassirer, *Mein Leben mit Ernst Cassirer. Erinnerungen von Toni Cassirer,* New York 1949, Hildesheim, Gerstenberg Verlag, 1981, p. 185. Après avoir été contraint à l'exil (Angleterre, Suède, Etats-Unis), Cassirer ne s'intéressait pas davantage à la politique. L'un de ses cours à l'Université de Göteborg comparait néanmoins l'Allemagne de Goethe à celle du nazisme.

[250] Elles eurent lieu du 16 mars au 6 avril 1929.

répondit sans équivoque : « C'est une question toute radicale à laquelle on ne peut répondre que par une sorte de profession de foi. La philosophie doit libérer l'homme autant que possible pour devenir libre. Ce faisant, elle le libère d'une certaine manière et de façon radicale de l'angoisse en tant que simple disposition d'âme (*Befindlichkeit*). » Puis il résuma le but de cette libération en lançant l'appel suivant : « Débarrassez-vous de l'angoisse du terrestre. » Il précisa que c'est la position de l'idéalisme allemand qu'il a toujours défendue et qu'il continuera à promouvoir. A quoi Heidegger répondit par sa propre profession de foi, toute autre. Certes, l'homme est appelé à s'affranchir, mais sa libération ne devrait pas se faire « en faveur de l'empire des formes [symboliques], mais en faveur de la finitude de l'existence »[251]. La tension ne pouvait guère être plus grande qu'entre ces deux conceptions antagonistes de l'homme et de la liberté. Au souci de préserver l'humanisme issu des Lumières, s'opposa le désir de le faire oublier[252]. Somme toute, le public composé essentiellement d'étudiants donna la préférence à Heidegger. C'est lui qui gagna la joute intellectuelle. Son non-conformisme – parfois il arrivait en tenue de ski pour faire ses conférences – et l'allure radicale de ses propos convenaient davantage aux jeunes auditeurs que l'argumentation posée de Cassirer. Des années plus tard, Emmanuel Levinas aurait regretté d'avoir fait partie de ceux qui, le soir venu, se plaisaient à railler sous forme de sketchs l'humaniste érudit.

---

[251] *Davoser Disputation, Gesammelte Werke,* vol. 3, p. 286-287. Par l'expression « liberté des formes » (*Freiheit der Formen*) Heidegger vise les « formes symboliques » analysées par Cassirer.

[252] La *Lettre sur l'humanisme* adressée à Jean Beaufret en automne 1946 confirme la distance de Heidegger vis-à-vis de l'humanisme. Cf. Heidegger, Martin, *Lettre sur l'humanisme* (bilingue), traduit de l'allemand par Roger Munier, Paris, Aubier, Montaigne 1964.

L'œuvre de Cassirer invite à considérer la philosophie et le travail d'écriture comme un antidote contre la barbarie[253]. D'autant plus que les instigateurs du nazisme affichaient leur hostilité à tout travail intellectuel se référant de près ou de loin à la culture humaniste des Lumières. A juste titre ils y voyaient une menace pour la réalisation de leurs propres intentions hostiles à toute pensée autonome ! En poursuivant ses recherches en histoire des idées et sur les formes symboliques, Cassirer résistait donc à sa manière à Joseph Goebbels, même s'il ne l'attaquait pas de front. Le ministre de la Propagande de Hitler saluait en effet le recul de la culture littéraire et philosophique sous le nazisme. Dans un discours de 1941 il constate que dorénavant les Allemands ne seraient plus « un peuple de poètes et de penseurs », mais « un peuple d'ingénieurs et de constructeurs de routes »[254]. En valorisant les richesses de la culture de Weimar, Cassirer lança de plus un défi à Baldur von Schirach, ministre de la Jeunesse, auquel est prêté le mot suivant : « Quand j'entends le mot culture, je sors mon revolver. »

Par la persévérance dans son travail d'écriture au moment où la nuit s'abat sur l'Europe, Cassirer souhaite en effet sauvegarder, voire développer l'héritage des Lumières, de l'*Aufklärung* qui lui est si chère. Et il est convaincu que la philosophie a un rôle important à jouer à ce niveau-là : elle devra précisément élever l'homme au-dessus de son temps. Cassirer sait bien que les grands

---

[253] Dans ce sens Horkheimer comprend l'ensemble de l'héritage philosophique comme Théorie critique. *Traditionnelle und Kritische Theorie. Fünf Aufsätze,* Francfort-sur-le-Main, Fischer, 1992, p. 263.

[254] Source: *Was ist des Deutschen Vaterland ?* Film documentaire (collage) d'Erhard Klöss, 60 minutes, diffusé le 1er mai 1990 sur la première chaîne de télévision allemande ARD.

penseurs du passé ont toujours agi de la sorte : s'il le fallait, ils ont résisté à la pensée dominante[255]. Sachant qu'il faut de l'audace pour mettre en pratique l'invitation kantienne à se servir de son propre entendement, Cassirer souligne le fait suivant : « Sans ce courage intellectuel et moral, la philosophie n'aurait jamais pu accomplir sa mission dans la vie intellectuelle et morale de l'humanité »[256]. A quoi nous pouvons ajouter que ses propres ouvrages en témoignent et peuvent être cités en modèle.

A quel point l'héritage des Lumières tenait à cœur à Cassirer au moment où le nazisme était en train de s'imposer, ressort aussi du fait suivant : en 1931 il préparait à Paris, à la Bibliothèque Nationale, son livre magistral *La philosophie des Lumières (Philosophie der Aufklärung)*[257]. Il y dépeint un tableau lumineux de la culture européenne au XVIIIe siècle, y compris de la pensée allemande. Et parmi ses représentants les plus importantes affinités apparaissent au sujet de Kant et de Goethe. Avec Kant Cassirer partage la même conception de la culture. Pour les deux philosophes, « le but de la culture n'est pas la réalisation du bonheur sur terre, mais *la réalisation de la liberté* »[258]. Cassirer précise que la vraie liberté de l'homme ne ressort pas d'une emprise technique sur la nature mais se manifeste au niveau des choix effectués par chacun : c'est la domination morale sur lui qui permet à l'homme d'être vraiment libre[259]. Dans *Le Mythe de l'Etat* il confirme cette position en rappelant ceci : « Kant nous met constamment en garde

---

255 *The Myth of State*, New Haven, 1946; nous citons d'après l'édition française *Le Mythe de l'Etat* traduit de l'anglais par Bertrand Vergely, Paris, Gallimard, 1993, p. 399.

256 *Ibid.*

257 C'était son ouvrage préféré.

258 *Logik der Kulturwissenschaften* (1942), Darmstadt, 1961, p. 104.

259 *Ibid.*

[…] contre un malentendu fondamental. La liberté éthique, dit-il, n'est pas un fait mais un postulat. Loin d'être un don (*Gabe*) dont la nature humaine serait dotée, elle est plutôt une tâche (*Aufgabe*), et même la tâche la plus ardue que l'homme puisse se donner ». En guise de conclusion Cassirer ajoute qu'elle est « une exigence, un impératif éthique »[260].

En ce qui concerne Goethe, on retient notamment ceci : Cassirer était au fond un *Universalgelehrter* (un érudit universel) qui travaillait dans différents domaines de la connaissance en vue d'une conception universelle du savoir. D'après son épouse il se référait constamment à Goethe et elle constate même des ressemblances au niveau physionomique[261]. Plusieurs ouvrages lui sont consacrés, notamment *Goethe et le monde historique, La conception goethéenne de la formation et de l'éducation,* ainsi que *Kant, Goethe et Roussseau*[262]. Au niveau des idées, Cassirer lui emprunta le concept de la métamorphose, perçue comme « la formation et la transformation des êtres organiques au sein d'une même espèce ». Sa philosophie du langage l'intègre également comme le montre la réflexion suivante : « Dans le royaume des fantômes et des démons comme dans celui, plus noble, de la mythologie se vérifiait en quelque sorte la parole de Faust selon laquelle l'essence de chaque figure mythique s'exprime dans son nom »[263].

A travers l'ouvrage *Philosophie der Aufklärung,* paru en 1933 au moment où Hitler prit le pouvoir, Cassirer

---

[260] *Le Mythe de l'Etat,* p. 388.

[261] Toni Cassirer, *Mein Leben mit Ernst Cassirer, op. cit.,* p. 87 et p. 84.

[262] *Goethe und die geschichtliche Welt*; *Goethes Idee von Bildung und Erziehung; Kant, Goethe und Roussseau.*

[263] *Langage et mythe. A propos des noms de dieux*, traduit de l'allemand par Ole Hansen-Love, Paris, Les Editions de minuit, 1973, p. 10.

défend l'humanisme européen contre l'idéologie du nazisme qui se veut à la fois technocratique et mythologique. La fin de la préface le confirme. De manière discrète, mais néanmoins perceptible, Cassirer y demande de résister à la bête brune. A la suite de Kant et de son appel à se servir du propre entendement, il invite les lecteurs à avoir « le courage de nous mesurer à cette pensée, de nous expliquer intérieurement avec elle »[264]. Le journal de la communauté juive de Bavière en date du 1er janvier 1933 a bien saisi cet enjeu en rappelant que Cassirer défend la raison « si méprisée aujourd'hui »[265].

Par ailleurs, à l'instar de Horkheimer et d'Adorno Cassirer a bien saisi les menaces qui découlent de la raison instrumentale développée dans les sciences et dans le domaine technologique. Son article « Forme et technique » met en garde contre la technique, si la réflexion philosophique ne l'accompagne pas. Il précise que le « caractère particulier » de la technique réside précisément dans le fait qu'elle ne soit « pas intégrée dans le cercle d'une philosophie de réflexion sur elle-même ». Et il propose donc d'y remédier. En demandant de manière explicite, que la technique soit considérée comme la servante (*Dienerin*) de la culture, et non pas comme son guide (*Führerin*)[266].

---

[264] *Die Philosophie der Aufklärung* (1932), *Gesammelte Werke,* éditées par Birgit Recki, texte et annotations revus par Claus Rosenkranz, vol. 15, Hambourg, Felix Meiner Verlag, 2003, p. XVI, traduit de l'allemand par Pierre Quillet, Paris, Fayard, 1966, p. 37.

[265] *Bayerische Israelitische Gemeindezeitung* du 1er janvier 1933.

[266] Cf. Ernst Cassirer, „Form und Technik", in *Symbol, Technik, Sprache, Aufsätze 1927-1933,* édité par Ernst Wolfgang Orth, Hambourg, Felix Meiner Verlag, 1985, p. 41 et p. 89.

L'ouvrage *Le Mythe de l'Etat* d'Ernst Cassirer répond au livre d'Alfred Rosenberg paru en 1930 sous le titre *Le Mythe du XXe siècle* qui présente précisément l'idéologie du nazisme. Dans ces deux textes le mythe se trouve au centre mais il est perçu de façon opposée – positive chez Rosenberg, négative chez Cassirer : tandis que le premier le valorise, le second met en garde contre la menace qu'il constitue. En même temps s'expriment deux conceptions de l'homme antagonistes. Cassirer défend l'individu autonome et perpétue ainsi une anthropologie dont les racines se trouvent aussi bien dans la philosophie de Kant que dans le judaïsme. Rosenberg, en revanche, nie l'existence de l'individu autonome et définit l'être humain uniquement à partir de son appartenance à un groupe social : « L'homme n'est rien 'en soi' ; il n'est une personnalité qu'autant qu'il fait partie, avec son âme et son esprit, d'une lignée organique d'ancêtres s'étendant sur de nombreuses générations »[267]. Et par cette définition de l'homme il souligne en effet ce qui s'après Cassirer caractérise l'être humain dans une société ancestrale régie par le mythe[268].

Dans le dernier chapitre du livre *Le Mythe de l'Etat*[269] intitulé « La technique des mythes politiques modernes » Cassirer cherche à expliquer le fonctionnement du nazisme et les mécanismes qui le caractérisent. Avant d'en retracer l'argumentation, rappelons ceci : cette analyse

---

[267] Alfred Rosenberg, *Le Mythe du vingtième siècle,* traduit de l'allemand par Adler von Scholle, Paris, Avalon, 1986, p. 592.

[268] Le second volume de la *Philosophie des formes symboliques,* consacré à l'étude du mythe, sert de base à l'analyse du fonctionnement du nazisme.

[269] *The Myth of State*, New Haven, 1946. Nous citons d'après l'édition française *Le Mythe de l'Etat* traduit de l'anglais par Bertrand Vergely, Paris, Gallimard, 1993.

montre aussi que pour Cassirer la mission de la philosophie va bien au-delà de ce qui fut développé plus haut. Elle ne doit pas se contenter d'élever l'homme au-dessus de son époque, il lui revient de plus une autre mission au moins aussi importante que la première. Elle est appelée à « nous aider à comprendre qui est l'adversaire à combattre »[270]. En utilisant l'expression « combattre l'adversaire », Cassirer confirme du reste qu'à travers les différents volets de son travail il aimerait proposer une antidote contre la barbarie.

Le nazisme constitue un mythe particulier, orchestré au XXe siècle dans un pays précis et ayant des traits spécifiques. Cassirer montre qu'il s'agit en effet d'une combinaison entre deux données antagonistes, la rationalité scientifique d'une part, la magie ancestrale d'autre part. Cela veut dire que le nazisme fut créé de manière rationnelle en utilisant les instruments de la technologie moderne tout en fonctionnant selon les mêmes mécanismes que le mythe ancestral. « Les politiciens modernes ont dû combiner deux fonctions entièrement différentes, pour ne pas dire incompatibles » écrit Cassirer. Car en construisant le mythe du XXe siècle « ils ont dû agir simultanément comme *homo magus* et comme *homo faber* ». Ce qui leur permit de devenir « les prêtres d'une nouvelle religion entièrement irrationnelle et mystérieuse, tout en procédant très méthodiquement dès qu'il s'agissait de défendre et de propager cette religion ». Cassirer ajoute que « rien n'a été laissé au hasard ; toute démarche a été soigneusement préparée et préméditée »[271].

Comment le mythe fonctionne-t-il précisément? De prime abord il s'appuie sur une perception de l'univers

---

270 *Le Mythe de l'Etat,* p. 400.
271 *Ibid.,* p. 380-381.

refermée sur elle-même[272]. Il constitue une sorte de huis clos auquel personne ne peut échapper et qui englobe tous les domaines de la vie sociale et privée. Et pour le faire fonctionner, trois éléments doivent être réunis et agir de concert. *Primo,* il est nécessaire de créer un tout homogène qui ne tolère pas l'existence de l'individu autonome. *Secundo,* une fusion est à accomplir entre le réel et l'irréel qui entraîne une identification entre la chose et l'idée. *Tertio,* la cohésion de l'ensemble est garantie par un personnage tout puissant, le magicien. Dans le mythe moderne il prend le nom de *Führer*. Ces trois éléments réunis permettent la création d'une société fusionnelle dans laquelle la distinction entre l'individu et le collectif se trouve abolie. De sorte que l'individu se définit exclusivement à partir de son appartenance au groupe qui l'accueille. En ce qui concerne le nazisme, il s'agit de la *Volksgemeinschaft*, la communauté réunissant l'ensemble du peuple par-dessus les différences sociales. Une telle société fusionnelle étouffe la liberté personnelle autant que la conscience morale. On peut dire aussi que le mythe prive l'homme de sa personnalité.

Quant au « magicien », le personnage-clé qui tient les ficelles des relations sociales afin de garantir la cohérence de l'ensemble, il est vénéré pour ses forces surnaturelles. En période de crise, l'homme primitif ne doute pas que « toutes les forces puissent se condenser dans le magicien », de sorte qu'il lui sera possible de délivrer la communauté de tous les maux dont elle souffre[273]. Dans la société allemande sous la République de Weimar une constellation analogue peut être observée. Déboussolés par la Première Guerre mondiale et profondément inquiétés à cause du Traité de Versailles, les électeurs de Hitler ont

---

272 Le huis clos comme trait caractéristique du mythe est confirmé par Horkheimer et Adorno dans *La Dialectique des Lumières.*

273 *Ibid.,* p. 389.

fait le choix de se réfugier dans le mythe. Incapables de résoudre les multiples problèmes politiques et économiques du pays, ils se laissèrent séduire par les promesses du nouveau magicien. Dans l'espoir d'être délivrés de leurs maux, ils acceptaient tout. Et en premier lieu ils renoncèrent à leur liberté. Le mythe moderne, froidement construit, agissait ainsi sur eux comme un mythe ancestral : il fit endormir la conscience morale et détruisit « toutes nos valeurs éthiques ».

Cassirer souligne que dans le fonctionnement du mythe, qu'il soit ancestral ou moderne, le langage joue un rôle capital. L'homme primitif accorde au mot un pouvoir magique. Pour lui la principale fonction du langage n'est pas de désigner une chose, mais d'établir une relation avec le monde, et cela dans le but de contrôler la réalité et de la modifier selon ses souhaits. Un bel exemple rappelé par Cassirer se trouve dans les *Métamorphoses* d'Ovide lorsque la sorcière Médée dit : *Carmina vel coelo possunt deducere lunam* – les formules magiques peuvent même tirer la lune du ciel. Cassirer ajoute qu'entre les mains du magicien, le langage devient « l'arme la plus puissante qui soit »[274]. Ayant bien compris cette constellation, les instigateurs du mythe moderne en Allemagne n'hésitèrent pas de mener « une véritable politique linguistique ». Car cela leur permit de modifier la langue allemande en fonction de leurs intentions et de manipuler par-là aussi l'ensemble de la population. A cette fin ils s'attaquèrent essentiellement au lexique en utilisant deux procédés différents. D'une part ils créèrent des mots nouveaux, inédits, et d'autre part ils modifièrent la signification des expressions courantes. Une transformation radicale de la langue allemande en résulta : « il semble qu'il n'y ait que quelques mots qui aient survécu à la destruction générale »

---

[274] *Le Mythe de l'Etat*, p. 382.

constate Cassirer[275]. Parfois il suffit de changer une seule syllabe pour renverser le sens comme le montrent les expressions *Siegfriede* et *Siegerfriede.* Elles paraissent très proches, mais elles signifient exactement le contraire : *Siegfriede* suggère une victoire allemande sur les Alliés, *Siegerfriede* met en garde contre cette victoire redoutée. Cassirer précise que le plus souvent, la politique langagière du nazisme avait un but précis : elle souhaitait notamment déclencher « de violentes passions politiques ». De sorte que les idiomes nouvellement crées avait pour but de stimuler toute une gamme de sentiments négatifs : « haine, fureur, morgue, mépris, arrogance et dédain »[276].

Les constructions linguistiques contribuèrent dans une large mesure à anesthésier la conscience morale de l'homme. D'autant plus qu'elles furent accompagnées de « l'exécution monotone, uniforme et continue des mêmes rites »[277]. En ce sens le mythe moderne pouvait paralyser sa proie comme un serpent. Et lorsque les Allemands se rendirent compte de ce qui se passait et qu'ils comprirent le danger auquel ils étaient exposés, il était bien trop tard pour réagir et se défendre[278]. Le poison du mythe moderne avait déjà corrompu leur force morale et miné leur capacité de se servir de leur propre entendement. Avec Cassirer on peut donc dire que la construction du mythe a

---

[275] *Ibid.,* p. 382. Au sujet de la transformation de la langue allemande pendant le nazisme voir Victor Klemperer *Lingua Tertii Imperii. La langue IIIème Reich* (1947), traduction française : Paris, Pocket, 2003.

[276] *Le Mythe de l'Etat,* p. 283. Cassirer ne met pas directement en parallèle les constructions linguistiques nazies et le langage de Heidegger. Mais même sans lui reprocher d'être un manipulateur du langage, nous savons grâce à son épouse que le « nouveau langage [de Heidegger] le rebutait ». Toni Cassirer, *Mein Leben mit Ernst Cassirer, op.cit.,* p. 181.

[277] *Le Mythe de l'Etat,* p. 384.

[278] *Ibid.,* p. 387.

permis aux hitlériens de mettre la main sur la société allemande afin de la contrôler à tous les niveaux. Une véritable mythification de la vie, aussi bien privée que sociale, eut lieu bien avant que l'Etat totalitaire ne mit en place ses instruments répressifs. L'essentiel étant accompli, il ne fallait plus que consolider progressivement ce qui fut entrepris depuis longtemps. En conséquence de quoi Cassirer conclut en disant que « le réarmement réel [de l'Allemagne] commença avec l'avènement des mythes politiques ». A quoi il ajoute que le réarmement militaire ne constituait « qu'une retombée accessoire de cet événement »[279].

Pourquoi le nazisme en tant que mythe moderne a-t-il vu le jour en Allemagne ? Cassirer rend plusieurs facteurs responsables et précise qu'ils ont agi de concert : la situation politique et économique après la Première Guerre mondiale, mais aussi des théories philosophiques. Pour ce qui est du premier volet, il constate que dans l'après-guerre « les conflits, qu'ils soient internationaux, sociaux ou humains, devenaient de plus en plus intenses » et il précise qu'ils étaient « perceptibles partout », non seulement en Allemagne. Mais ce n'est que dans ce pays que s'est produite la réaction dramatique que l'on connaît. Pour quelle raison ? Tandis qu' « en Angleterre, en France et en Amérique demeurait toujours quelque espoir de pouvoir les résoudre par des moyens courants et normaux », en Allemagne « le problème était soudain devenu plus aigu et plus complexe ».[280] Tous les efforts des dirigeants de la jeune République de Weimar ne suffisaient pas pour « résoudre ces problèmes par des

---

[279] *Ibid.*, p. 381.

[280] L'impact psychologique du Traité de Versailles ressenti comme injuste et humiliant par la majorité des Allemands, n'est pas analysé par Cassirer.

transactions diplomatiques et des mesures législatives »[281]. La crise profonde qui touchait l'ensemble des domaines de la vie politique constituait ainsi un terrain favorable pour la montée du nazisme, car des défis extraordinaires sont propices au mythe. Cassirer rappelle que la magie ne se pratique pas au quotidien, mais de préférence dans des circonstances exceptionnelles dont paraît improbable la gestion avec des instruments rationnels : « Quand la raison nous manque, il reste toujours *l'ultima ratio* », autrement dit « le pouvoir du miraculeux et du mystérieux ».[282]

Selon Cassirer, « la chose la plus redoutable survenue parmi toutes les expériences de ces douze dernières années » (1933-1945), est le fait que les Allemands aient choisi d'abandonner leur liberté et de renoncer à l'exercice de la raison. On peut dire aussi qu'ils n'avaient plus le courage de se servir de leur propre entendement. Pour souligner la gravité des enjeux, Cassirer n'hésite pas de comparer la situation à « l'expérience d'Ulysse dans l'île de Circée ». En précisant qu'elle était bien pire : « Circée avait en effet transformé les compagnons d'Ulysse en différentes espèces animales. Or, ici, on a affaire à des hommes éduqués, intelligents, honnêtes et loyaux » qui n'hésitent pas à abandonner « le plus grand des privilèges humains : mis au pas, ils cessent d'être des agents libres et personnels ». En exécutant « les rites prescrits, ils se mettent à sentir, à parler et à penser de façon uniforme. Leurs gestes ont beau être vifs et agressifs, il s'agit pourtant là d'une vie artificielle et fausse. » Elle est fausse en ce sens que « ce qui meut [les Allemands à cette époque] provient d'une force externe. Ils agissaient comme des marionnettes dans un théâtre de poupées »[283].

---

[281] *Ibid.*, p. 375.
[282] *Ibid.*, p. 373.
[283] *Ibid.*

La situation difficile de l'Allemagne dans les années vingt ne suffit pas à elle seule à expliquer la montée du nazisme et Cassirer trouve des raisons supplémentaires au niveau de l'histoire des idées. D'après lui, plusieurs courants philosophiques ont préparé le terrain, de sorte que la crise n'agissait qu'en tant que catalyseur : elle pouvait transformer des concepts philosophiques en une « puissante arme politique ». A en croire Cassirer, le mythe moderne se nourrit de plusieurs courants de la pensée européenne. Du côté anglais il s'agit de la théorie du culte du héros établie par Carlyle et quant à la France, il faut tenir compte notamment de la « thèse sur la différence intellectuelle et morale intrinsèque des races » proclamée par le comte de Gobineau[284]. Pour ce qui est de l'Allemagne, plusieurs philosophes sont censés avoir contribué leur part, à savoir Novalis, Schelling, Hegel, Spengler et Heidegger. Animés par l'espoir de rajeunir, les romantiques étaient les premiers à s'approcher « de la coupe magique du mythe » et Schelling s'éloigna des Lumières en renonçant en large mesure à la séparation entre le sujet de l'objet. De plus, le mythe moderne s'est inspiré aussi de Hegel. C'est le cas de sa définition de l'Etat comme unité organique, à quoi s'ajoute l'idée d'un nationalisme « sans merci » qui cherche à se justifier de la manière suivante: à chaque époque, « l'esprit universel » (*Weltgeist*) s'incarne dans un peuple précis qui, de ce fait se situe au-dessus des autres et peut imposer sa volonté au monde. Selon Cassirer, les « conséquences horribles » d'une telle conception philosophiques sont évidentes en ce qui concerne l'Allemagne et elles ne devraient pas être démontrées davantage. D'autant moins que le nazisme a fait sien aussi un autre trait caractéristique de la pensée hégélienne, à savoir le rejet des idéaux humanistes : pour

---

[284] *Ibid.,* p. 375.

Hegel, l'idée d'un amour universel est une « invention stupide ».

A côté des philosophes du XIXe siècle ceux du XXe ont également contribué à l'essor du « mythe moderne » et Cassirer cite en particulier Spengler et Heidegger. Car ils valorisent le destin au détriment de la liberté. Dans *Le déclin de l'Occident*, publié en juillet 1918, Spengler met en exergue la puissance du destin en lui attribuant le pouvoir de déterminer la vie des peuples ; en précisant que face au destin l'individu est désarmé. Sans avoir été partisan du mouvement national-socialiste, Spengler lui a ainsi fourni un argument précieux, d'autant plus qu'il ne déplore nullement ce qu'il appelle « le déclin de l'Occident », mais le salue pour la raison suivante : la destruction de la culture humaniste permettra la construction d'une civilisation nouvelle, à partir d'une base technologique. Dans cet esprit, Spengler invita ses lecteurs à se consacrer plutôt « à la technique qu'à la lyrique, à la marine qu'à la peinture, à la politique qu'à la critique de la connaissance »[285]. Cette recommandation anticipe en effet la position de Joseph Goebbels citée précédemment : il se réjouit que, grâce au nazisme, les Allemands ne seraient plus « un peuple de poètes et de penseurs », mais « un peuple d'ingénieurs et de constructeurs de routes ». Dans la philosophie de Spengler comme dans l'organisation politique du nazisme l'accent est mis sur l'utile et l'efficacité. Et dans les deux cas prédominent donc ce qui est appelé, dans la *Dialectique des Lumières,* la raison instrumentale. Et cela va de pair avec une élimination de la réflexion philosophique et une critique de l'existant. Les idéologues du nazisme pouvaient donc interpréter la *Kulturkritik* spenglerienne « dans leur sens ». Cet appui philosophique conforte leur

---

[285] *Der Untergang des Abendlandes,* Munich, 1918, p. 57 sq.

propre désir de « créer un monde nouveau dont ils voulaient être les seigneurs »[286].

De plus ils purent s'inspirer de Heidegger. Car sa pensée va dans le même sens que celle de Spengler : elle aussi postule le « retour du fatalisme dans le monde moderne »[287]. Les implications du mot *Geworfenheit* sont particulièrement néfastes dans ce contexte. Profondément ancré dans l'héritage des Lumières, Cassirer ne veut pas accepter l'idée heideggérienne selon laquelle l'homme soit « jeté dans le fleuve de son temps ». Il ne peut pas admettre la *Geworfenheit* comme « un trait fondamental et inaltérable de notre condition humaine ». Et il récuse l'affirmation de Heidegger que « nous ne pouvons pas changer [le] cours » du fleuve en question.

Comme dans la joute de Davos au printemps 1929 nous constatons donc une fois de plus des différences fondamentales entre Heidegger et Cassirer. Cassirer insiste en effet sur ces divergences en écrivant ceci dans *Le Mythe de l'Etat* : « Une théorie qui considère la *Geworfenheit* comme l'un des traits spécifiques de l'homme a abandonné tout espoir d'une participation active à la construction et reconstruction de la vie culturelle ». A juste titre il ajoute qu' « une telle philosophie renonce à ses propres idéaux théoriques et éthiques ».

Le rôle du silence

Parmi les antidotes contre la barbarie proposés par Cassirer – travail d'écriture et réflexion philosophique – figure aussi le silence. Et Cassirer recourt à cette stratégie de la manière suivante. Dans *Le Mythe de l'Etat,* le mot

---

[286] *Le Mythe de l'Etat,* p. 382.
[287] *Ibid.,* p. 396.

nazisme ou national-socialisme (*Nationalsozialismus*) n'est jamais utilisé ! Il préfère parler de « mythes politiques modernes », ou encore de « nos nouveaux mythes politiques ». De plus, les noms des responsables du nazisme ne sont pas mentionnés non plus, ni celui du *Führer,* ni ceux des autres. Cassirer se contente de parler d' « hommes politiques modernes ». A notre avis, ces omissions ne sont pas dues au hasard et ne sont pas le fruit de l'oubli. Mais il faudrait leur reconnaître une vraie signification. Elles devraient être lues comme un choix délibéré de l'auteur, en tant que prise de position par laquelle Cassirer souhaita montrer son opposition au nazisme. Cela nous paraît d'autant plus vraisemblable pour la raison suivante : dans l'ensemble de son œuvre, dans ses nombreux ouvrages sur l'histoire des idées et les formes symboliques, Cassirer cite toujours un grand nombre de personnes et il s'agit de philosophes autant que de scientifiques, d'écrivains etc. Aussi différents que soient leurs champs d'intervention, ils ont ceci en commun : le plus souvent, Cassirer discute leurs positions pour en retenir au moins une idée ou un aspect qui lui paraît précieux, et qu'il juge avoir apporté quelque chose de positif au grand mouvement des Lumières. Or, la donne est totalement différente quand il s'agit du nazisme ! Dans ce cas, c'est le silence qui règne. Cassirer ne mentionne pas les noms de ceux qui font fonctionner le mythe moderne. De manière discrète mais néanmoins perceptible, il indique ainsi que les « nouveaux hommes politiques » ne méritent pas que l'humanité retienne leurs noms. Et le mot nazisme n'apparaît pas non plus. De sorte que l'on peut en tirer la conclusion suivante : en refusant d'appeler l'adversaire par le nom qu'il s'est donné lui-même, Cassirer invite le lecteur de ses ouvrages à résister à l'emprise du langage totalitaire. Conscient du pouvoir magique des mots, en l'occurrence celui de

« national-socialisme » (qui relie précisément d'importants courants politiques, le nationalisme et le socialisme), il déjoue son impact par le silence. Et en faisant l'impasse sur les noms de ceux qui l'ont orchestré, en parlant seulement d' « hommes politiques modernes », de « leaders politiques » ou d' « hommes nouveaux », il utilise la même stratégie. On peut donc dire qu'il propose une antidote supplémentaire contre la barbarie que l'on peut décrire avec ces termes : afin de ne pas se faire prendre dans les pièges du mythe, il faut rester une personne autonome capable de se servir de son propre entendement. Et à cette fin, il faut être vigilant au niveau du langage. Et il est ainsi vivement recommandé de ne pas utiliser les mots que l'adversaire a créés pour nous dominer.

Face à l'antijudaïsme hitlérien

On peut s'étonner du fait que *Le Mythe de l'Etat* analyse le nazisme en tant que mythe moderne sans thématiser l'antisémitisme. En effet, Cassirer est très discret à ce sujet et n'en parle guère. Mais il propose une analyse excellente à ce sujet dans une conférence donnée au printemps 1944 à New York sous le titre « Judaïsme et mythes politiques modernes »[288]. Devant un public restreint, à l'Université de Columbia, il expose une approche différente de celles qui sont avancées en général en prenant précisément le mythe comme matrice interprétatrice[289].

---

[288] « Judaism and the Modern Political Myths », in Donald Phillip Verene (éd.), *Symbol, Myth and Culture: Essays and Lectures of Ernst Cassirer,* Yale University Press, New Haven 1979 ; première publication dans *Contemporary Jewish Record* VII, 1944, p. 115-126.

[289] Le texte d'Eugen Rosenstock-Huessy, « Hitler et Israel. Ou De la prière », écrit en octobre 1944, va dans le même sens. Traduit de

D'après Cassirer, le terme antisémitisme ne convient pas pour désigner la politique hitlérienne envers les juifs : « Il s'agit d'une réalité qui dépasse de loin ce que l'on décrit d'habitude sous l'appellation d'antisémitisme ». En effet, « les hommes politiques modernes » ne pratiquaient pas une « politique de discrimination » à leur égard (comme c'était le cas depuis des siècles) mais ils inventèrent quelque chose de radicalement nouveau : à la discrimination fut substituée une « volonté d'extermination ». Cassirer précise qu'il s'agit d'un véritable « combat mortel », dont les racines sont « plus profondes et beaucoup plus empoisonnées » que l'antisémitisme ancien. Il est convaincu que la Shoah avait pour but de toucher l'essence même de l'homme. Et qu'elle visait au fond ce qui est essentiellement humain, à savoir la liberté personnelle et la responsabilité individuelle. A cette fin les hitlériens attaquèrent le peuple qui propagea ces valeurs pour la première fois dans l'histoire de l'humanité et qui permit ainsi de se libérer de l'emprise du mythe.

Tous les mythes orchestrent un combat entre deux puissances, dont l'une incarne la lumière, l'autre les ténèbres. Et pour ce qui est du « mythe moderne » mis en scène par le nazisme, les forces du Mal sont attribuées aux juifs. Ils étaient la cible idoine car en proclamant les commandements du Dieu unique, les prophètes d'Israël étaient les premiers à s'opposer ouvertement à la magie et au mythe. Par la suite et en suivant leur exemple les autres peuples pouvaient également briser les chaînes du mythe et devenir libres. Certes, dans sa conférence Cassirer n'explique pas en détail ces liens. Mais d'autres écrits, notamment le deuxième volume de *La Philosophie des formes symboliques* traitant du mythe ainsi que *L'Essai*

---

l'anglais par Jean-Luc Evard, *Conférence,* n° 26, printemps 2008, p. 518-539.

sur l'Homme thématisent eux aussi l'apport essentiel du judaïsme à l'évolution de l'humanité : celui précisément d'avoir développé « un idéal nouveau, positif, la liberté »[290].

C'est grâce au judaïsme que les rapports de l'homme au divin furent entièrement transformés et par là aussi les relations entre les hommes. Car le rapport d'identification, voire de fusion caractérisant les sociétés régies par le mythe, fut remplacé par des relations personnelles entre des individus censés être autonomes. De sorte qu'un vrai dialogue pouvait s'établit entre un « je » et un « tu »[291]. En s'adressant directement à son peuple, sans intermédiaire de la magie, le Dieu d'Israël a stimulé en effet une nouvelle conception de l'homme. Grâce à l'appel « Ecoute Israël ! », l'homme a changé de statut : maintenant il n'est plus soumis au destin que les forces divines ont décidé à sa place, mais il se trouve élevé au rang d'un interlocuteur libre et mature[292]. Cassirer souligne ainsi que le monothéisme permit à l'individu de trouver son unité en tant que personne. Et pour étayer ce propos, il n'avance pas d'arguments théologiques mais se réfère à son auteur préféré: « Selon Goethe, la croyance en un dieu unique a pour conséquence d'élever l'esprit, car il indique à l'homme l'unité de son for intérieur. »[293]

Toutes ces qualités humaines s'opposent en effet à la conception sociétale du nazisme. Car il veut ramener l'homme au stade du mythe de sorte que l'antisémitisme, ou plutôt l'antijudaïsme hitlérien en est une conséquence

---

290 *Essai sur l'homme* traduit de l'anglais par Norbert Massa, Paris, Editions de Minuit, 1975, p. 157.

291 *Das mythische Denken,* dernier chapitre, „Dialektik des mythischen Denkens", *Gesammelte Werke,* vol. 12, 2002, p. 281.

292 Cassirer précise : en faisant connaître sa volonté, Dieu a libéré l'homme du besoin de recourir à la magie pour conjurer le sort.

293 *Aufsätze und kleine Schriften 1902 – 1921, Gesammelte Werke,* vol. 9, Hambourg, 2001, p. 506.

logique. L'assassinat de millions d'hommes et de femmes avait pour but de faire oublier à tout jamais les idéaux du judaïsme qui défient le mythe. Mais ce projet ne pouvait réussir. Il devait échouer, car « ces idéaux ne peuvent être détruits ». Cassirer souligne qu'ils sont réellement indestructibles[294] car ils expriment l'essence même de l'homme. La conférence se termine ainsi par une profession de foi émouvante: « Nous sommes fermement convaincus que tous ces sacrifices n'étaient pas en vain. »[295]

Cette phrase peut laisser perplexe. Face à l'ampleur de la barbarie, Cassirer refuse de revoir sa conception de l'humanité. En dépit de tout ce qui s'est passé, il maintient l'idée que l'homme fut créé à l'image de Dieu. Les horreurs du nazisme ne le font pas douter que l'homme est libre, responsable de ses actes et capable de se servir de son propre entendement. Et qu'il est donc capable de résister aux sirènes du mythe. Le prochain chapitre montrera que Cassirer partage cet optimisme avec Lion Feuchtwanger qui, lui aussi, dut quitter l'Allemagne nazie pour vivre en exil. Et qui ne perdit pas non plus confiance en l'homme.

---

[294] « Judaism and the Modern Political Myths », *op. cit.*, p. 241.
[295] *Ibid.*

6. Humour et humanisme

L'œuvre de Lion Feuchtwanger, l'un des auteurs allemands les plus populaires de la République de Weimar contrait à s'exiler sous le nazisme[296], contient de belles réponses à l'invitation kantienne : « Aie le courage de te servir de ton propre entendement ! » Par la suite nous porterons une attention particulière à son récit autobiographique *Le Diable en France*[297], car ce texte va bien au-delà d'une simple dénonciation des conditions de vie inhumaines dans les camps d'internement du Midi de la France[298]. Son intérêt réside en effet en grande partie dans la mise en scène d'un humanisme dont les sources remontent autant à Weimar et la philosophie des Lumières qu'au judaïsme, et qui s'exprime aussi par l'humour qui apparaît sous différentes formes. Il s'agit d'abord de l'aptitude à épingler le grotesque et l'humour involontaire

---

[296] En août 1933 Feuchtwanger fut déchu de la nationalité allemande et pour le ministre de la Propagande, Joseph Goebbels, il était l'ennemi numéro un de l'Allemagne. Après une série de conférences aux Etats-Unis en janvier 1933, Feuchtwanger ne pouvait plus retourner chez lui et s'installa donc en France, d'abord à Paris, puis dans le Midi, à Sanary-sur-Mer. En 1940, il émigra aux Etats-Unis.

[297] A en croire Bertold Brecht, Feuchtwanger aimait tout particulièrement ce livre qui fut écrit d'après la mémoire. Car dans un premier temps Feuchtwanger croyait perdu son journal avec les notes. La première édition allemande parut en 1942 au Mexique sous le titre *Unholdes Frankreich,* la première édition anglaise s'intitula *The Devil in France.* D'après Wulf Köpke, *Wartesaal-Jahre. Deutsche Schriftsteller im Exil nach 1933,* Altius Verlag, Erkelenz, 2008, p. 189 note 12. Nous citons les œuvres de Feuchtwanger d'après l'édition *Der Teufel in Frankreich. Erlebnisse, Tagebuch 1940, Briefe,* Berlin, Aufbau Taschenbuch Verlag, 2000.

[298] A savoir « Les Milles », près d'Aix-en-Provence » et « San Nicola », à côté de Nîmes ; Feuchtwanger y fut détenu en été 1940.

de la réalité, ensuite de l'humour développé par les prisonniers pour faire face à des situations pénibles, et finalement d'un procédé stylistique que l'on peut appeler, avec Vladimir Jankélévitch, le « voile léger de l'humour».

Formes d'humour chez Feuchtwanger

Le grotesque et l'humour involontaire de la réalité :

Dans *Le Diable en France* plusieurs exemples témoignent du grotesque de la réalité. Ainsi Feuchtwanger qualifie de « comédie bête et agaçante » l'ensemble de « l'internement de tant de personnes qui étaient assurément des adversaires acharnés des nazis ».[299] De plus, les mots « absurde » et « grotesque » reviennent fréquemment dans le récit. On lit, par exemple, que c'était grotesque de rassembler tous ces gens sous prétexte d'avoir des contacts avec la Cinquième Colonne[300]. Et pour décrire le camp de San Nicola près de Nîmes, Feuchtwanger s'inspire des peintures du peintre néerlandais Pieter Breughel : il parle d'un « enfer à la Breughel » (*Breughel-Hölle*), en précisant d'avoir vécu dans un véritable « enfer pestilentiel » (*Pesthölle*)[301].

Le mot « grotesque », synonyme d'absurde et d'irréel[302], renvoie à des données déshumanisantes qui existent à plusieurs échelles : dans les dispositions administratives et les conditions de vie imposées aux détenus, mais aussi dans leurs réactions à cet environnement. C'est « grotesque » écrit Feuchtwanger,

---

[299] *Der Teufel in Frankreich,* chapitre « Les tuiles des Milles », ATV, p. 47.
[300] *Ibid.*
[301] *Ibid.,* chapitre « Les tentes de Nîmes », p. 247 et p. 240.
[302] *Ibid.* p. 238.

« quand on se retrouve sans vêtements de rechange, sans tout, sans papiers, sans argent »[303]. Est également grotesque la « suprême distinction [qu'il n'ait] jamais reçue » : d'autres prisonniers l'ont invité à entrer dans les latrines avant eux[304]. Dès la première page du *Diable en France,* le caractère grotesque de l'internement se manifeste clairement. Ainsi les prisonniers dans l'ancienne tuilerie Les Milles passaient leurs jours à transporter des tuiles d'un endroit à l'autre, et le lendemain ils furent obligés de défaire les piles érigées la veille : « Ce qui était agaçant, révoltant était l'absence de tout sens »[305], note Feuchtwanger. Et les activités par lesquelles les détenus ont fait passer le temps et voulurent donner un certain sens à leur vie, peuvent également apparaître grotesques vu la situation dramatique de l'internement et de la menace imminente de l'arrivée des hitlériens : ils discutaient des questions littéraires ou mémorisaient des règles de grammaire[306].

Est également grotesque ce qui arriva au chanteur d'opéra Wilhelm Ulmer. Ce monsieur d'une soixantaine d'années réfugié à Sanary-sur-Mer, ne devait pas être interné aux Milles à cause de son âge ; seuls les hommes de moins de cinquante-six ans étaient concernés. Mais il s'y trouvait néanmoins, car il fut suspecté d'être un officier allemand, espion de surcroît. La police ne veut pas croire qu'il n'ait jamais été soldat. Elle semble en effet détenir une pièce à conviction irréfutable, à savoir une photo prouvant le contraire : en effet, la femme de ménage avait trouvé dans un tiroir une image montrant Monsieur Ulmer en uniforme. Et quand il arriva enfin à prouver que l'habit en question n'est pas un uniforme allemand, mais

---

[303] *Jounal* du 30 juin, p. 293.
[304] *Le Diable en France,* chapitre « Les tuiles des Milles », p. 58.
[305] *Ibid.,* p. 8.
[306] *Journal,* p. 48.

le costume du gendarme Don José dans l'opéra *Carmen*, il ne fut pas libéré aussitôt. Il fallut d'abord que son fils s'engage dans la Légion Etrangère[307].

La réalité la plus grotesque décrite dans *Le Diable en France* est sans doute la suivante. Après plusieurs longues discussions, Feuchtwanger réussit à convaincre le responsable des Milles que la plupart des internés n'avaient aucun lien avec la Cinquième colonne mais étaient des opposants à Hitler. Et que leur vie était donc menacée par l'arrivée des troupes allemandes. En dernière minute le commandant mit un train à leur disposition que devait les transporter à Bayonne. Mais lorsque ce train rempli d'Allemands traversait le sud de la France il suscitait de vives spéculations et bientôt courut la rumeur que les hitlériens étaient déjà aux portes de Bayonne. Le train qui transporta les évacués des Milles fit donc demi-tour et ils furent de nouveau internés près de Nîmes dans le camp San Nicola.

L'humour comme mécanisme de défense :

Quant à la deuxième forme d'humour du *Diable en France*, elle concerne les réactions des prisonniers face aux difficultés quotidiennes et confirme que Sigmund Freud considère l'humour comme un mécanisme de

[307] *Journal*, p. 51. Parmi toutes les expériences grotesques et dures à vivre, l'une est différente. Elle contient certes une dose d'absurdité, mais témoigne de l'humanisme d'un soldat français surveillant les prisonniers. Aux Milles ils avaient le droit de jouer au football, et un jour leur ballon passa par-dessus le mur. Soucieux de respecter les ordres, le soldat leur interdit d'aller chercher le ballon. Mais voyant leur embarras, il trouva une solution cocasse pour satisfaire tout le monde : il demanda aux détenus de tenir son fusil, pendant qu'il allait chercher lui-même leur ballon.

défense[308]. Souvent elle est proche de l'humour noir : « tous faisaient des plaisanteries amères » rappelle Feuchtwanger et donne des exemples précis. Les conditions sanitaires étaient si déplorables que devant les latrines, tout le monde « attendait plein de fureur en faisant des plaisanteries »[309]. Un jour, un monsieur que Feuchtwanger nomme « un plaisantin mélancolique », exprima son dégoût de façon inédite. Il choisit d'écrire sur la porte des latrines la célèbre phrase de Saint Augustin « 'in faecibus nascimur, in faecibus morimur' » en la complétant d'une information supplémentaire : « 'in faecibus vivimus »[310]. Un autre exemple de l'humour noir ne concerne pas les conditions sanitaires mais l'antisémitisme. A l'occasion de la plus importante fête juive, le jour du Grand Pardon (Yom Kippour), les prisonniers religieux érigèrent une sorte de synagogue à l'aide de tuiles. Après avoir terminé la cérémonie et comme il fallait remettre les tuiles à leur place, certains s'adressèrent à un groupe de personnes suspectées d'être des nazis en leur disant : « Nous recherchons des antisémites pour détruire le temple ».[311]

Le voile léger de l'humour :

La troisième forme d'humour du *Diable en France* n'exprime ni l'humour involontaire de la réalité, ni les réactions des prisonniers, mais se situe plutôt au niveau stylistique. Il ressort du choix des mots et de l'agencement de la trame narrative. Et l'on peut dire qu'elle correspond

---

308 Sigmund Freud, *Der Witz und seine Beziehung zum Unbewußten, Freud Studienausgabe*, vol. IV, Francfort-sur-le Main, Fischer, 1970.
309 *Le Diable en France,* p. 56.
310 *Ibid.* p. 57.
311 *Ibid.,* p.41.

en large mesure à la définition de l'humour donnée par Vladimir Jankélévitch dans son article « Le vagabond Humour ». On y lit que « l'humour est peut-être un moyen pour l'homme de s'adapter à l'irréversible, de rendre la vie plus légère et plus coulante ». Dans cette optique, Jankélévitch utilise l'expression « voile de l'humour » et il parle aussi d'une « gaze légère »[312]. L'humour a ainsi la fonction de couvrir les données difficiles de la réalité en atténuant l'absurde et le grotesque. Il permet une sorte d'ouverture afin de pouvoir échapper au huis clos d'une existence insoutenable en tant que telle. En effet, pour Jankélévitch, « la vérité à laquelle [l'humour] fait allusion n'est localisée nulle part, dans aucune forme arrêtée ». D'après lui, « cette vérité demeure un lointain horizon »[313].

Avant d'analyser davantage l'horizon en question ainsi que le « voile léger de l'humour » dans *Le Diable en France,* notons que dans ce texte Feuchtwanger renonce à une forme d'humour qu'il maîtrise pourtant et utilise ailleurs : l'humour satirique qui caractérise le roman *Le faux Néron.* Dans ce roman rédigé en 1937 à Sanary-sur-Mer, Feuchtwanger ridiculise sans ménage les dictateurs Terenz, Trebon et Knops, qui représentent Hitler, Goering et Goebbels. La différence entre l'humour corrosif du *Faux Néron* et « le voile léger » déployé dans *Le Diable en France* peut être bien illustrée à l'aide des remarques de Georg Simmel sur la caricature. Il distingue en effet deux formes, la « caricature humoristique » d'une part, la

---

[312] D'après Jankélévitch, le « voile léger de l'humour » s'oppose à la « *Via per contrarium* » qu'est l'ironie et qu'il considère (loin de l'ironie romantique) comme une « arme de combat précise et décapante ». « Epilogue : le vagabond Humour », in *Autrement, L'Humour*, p. 221-225 ; extrait du livre de Jankélévitch *Quelque part dans l'inachevé*, Entretiens avec Béatrice Berlowitz, Paris, Gallimard, 1978.

[313] *Ibid.,* p. 222.

« vraie caricature » d'autre part. Pour la seconde, il choisit comme exemples Aristophane, Cervantes, Daumier et Goya, en précisant que ce type de caricature se caractérise par « la dureté, l'impossible réconciliation (*Unversöhnlichkeit*), et le désir de présenter les distorsions comme une donnée durable ». La seconde forme en revanche, la « caricature humoristique », a d'autres traits. Afin de faire face à la réalité, elle présente ses distorsions « comme une sorte de maladie passagère ». Et Jankélévitch ajoute qu'elle « contient une promesse de réconciliation »[314]. Et nous pouvons dire que ces deux types de caricature selon Simmel ont leur pendant dans des formes d'humour utilisées par Feuchtwanger : le « voile léger » du *Diable en France* fait penser à la « caricature humoristique », tandis que l'humour corrosif du *Faux Néron* ressemble à « la vraie caricature ».

Après ces remarques sur les différentes formes de l'humour, revenons aux expériences que Feuchtwanger a faites aux Milles et à San Nicola. Elles lui auraient permis de composer un tableau noir sur noir et de formuler un récit témoignant seulement de l'absurde, de la laideur et du désespoir : « Chaque semaine apportait son lot de suicides », note-t-il, celui du poète Walter Hasenclever par exemple. Et tous les détenus cherchaient à se procurer du poison pour mettre fin à leurs jours[315]. Les camps d'internement étaient un univers d'injures et de saleté, de sorte que dans le désordre « breughélien » de San Nicola, les soldats chargés de surveiller les prisonniers s'enfuyaient pour ne pas être contaminés par les

---

[314] « Über die Karikatur », in Georg Simmel, *Zur Philosophie der Kunst,* Potsdam Kiepenheuer, 1922, p. 90-91. Le voile léger de l'humour fait penser à la « promesse de bonheur » qu'Adorno considère à la suite de Stendhal comme un signe distinctif de l'œuvre d'art.

[315] *Journal,* p. 284.

maladies[316]. De plus, certains détenus étaient amaigris comme des squelettes – Feuchtwanger cite l'exemple du peintre surréaliste Max Ernst –, tandis que d'autres souffraient surtout au niveau psychique. Ils « erraient au milieu des belles tentes blanches » dont la vue agréable ne pouvait pas cacher la réalité sordide: « Bientôt notre camp si beau à voir fut entouré d'un cercle de puanteur, comme la belle au bois dormant de son rempart. »[317] Mais à plusieurs reprises Feuchtwanger adoucit la réalité exécrable par le voile léger de l'humour, ce qui le distingue de Breughel dont les tableaux insistent d'avantage sur le grotesque et donnent l'impression d'un huis clos. Il en va de même de Goya qui est également mentionné dans *Le Diable en France*. Certes, Feuchtwanger dit avoir apprécié ses travaux lors d'une visite du Prado à Madrid, mais cela n'empêche pas une autre image de l'homme : celle de Feuchtwanger est beaucoup moins sombre que celle du peintre espagnol qui dénonça les guerres napoléoniennes. En effet, Goya est pour Feuchtwanger un témoin de l'absurde, du désespoir et de la mort. Et son nom apparaît ainsi aussi quand il était gravement malade et pensait mourir. Dans ses rêves fiévreux, Feuchtwanger se crut entourés de chauve-souris en précisant qu'il s'agissait bien de celles de Goya et non pas de bêtes réelles[318].

Humanitas ou les multiples visages humains

L'humanisme de Feuchtwanger s'exprime dans l'empathie à l'égard des autres, à travers la sensibilité pour les souffrances de ses codétenus et dans l'intérêt porté aux

---

[316] *Journal*, p. 249.
[317] *Le Diable en France,* p. 193.
[318] Leur rôle est encore plus important dans *Le faux Néron.*

particularités de chaque homme. L'internement ne le mena pas à un repli sur lui-même, il avait « toujours envie de parler de la multitude des visages et des âmes différentes que l'on rencontrait dans le camp »[319]. En tant qu'auteur il aurait pu, dans son récit, accentuer la laideur de la réalité et étaler au grand jour l'humain, trop humain dont il était le témoin. Mais il ne le fit pas. Il préféra préserver, voire rendre la dignité à chacun, aussi ignoble que puisse avoir été son comportement. Et lorsque Feuchtwanger se sent obligé de rapporter quelques comportements lâches ou répugnants, il cherche à relativiser aussitôt l'image négative en ajoutant des remarques plus conciliantes. De plus, sa narration épargnant au maximum des détails inspirant « un sentiment de dégoût, de tristesse, de révolte, de plus profonde humiliation »[320]. Feuchtwanger reconnaît que « dans le camp on avait renoncé rapidement à toute sorte de pudeur. Personne ne se gênait pour montrer sa laideur et ses infirmités, celles du corps autant que celles de l'âme »[321]. Cependant il n'insiste pas sur ces laideurs mais dirige l'attention du lecteur aussitôt sur d'autres données, plus neutres. Après une esquisse des conditions sanitaires déplorables aux Milles, il ajoute donc la phrase suivante : « Quelques vingt minutes après le lever, deux hommes de chaque groupe apportaient le seau avec le café et la ration de pain quotidien ».[322] Et il procède de la même manière en critiquant certains détenus. Dans un premier temps il déplore qu' « il y ait eu des gens qui ne connaissaient qu'une seule crainte, celle que le camp puisse être dissout et qu'ils soient relâchés ». Mais par la suite il regrette la violence de son propos :

---

319 *Le Diable en France,* p. 66.
320 *Ibid.,* p. 57.
321 *Ibid.,* p. 59.
322 *Ibid.*

« Veuillez excuser, lecteur, mon emportement. »[323] Et il promet de « parler de choses plus réjouissantes », en l'occurrence d'un codétenu nommé Bernhard Wolf, l'« homme le plus agréable parmi tous les occupants de notre tente »[324]. En effet, on observe tout au long du récit une alternance entre l'évocation de données difficiles à supporter et d'autres plus agréables. Et dans ce procédé le recours au « voile léger de l'humour » n'est pas rare. De sorte que les données déshumanisantes de la réalité ne prennent pas le dessus dans *Le Diable en France*.

Cela ressort aussi d'une comparaison entre le texte publié et le journal écrit pendant l'internement : le second est beaucoup plus sombre que le premier, et le voile léger de l'humour y fait défaut. Dans le journal, Feuchtwanger s'indigne des conditions de vie aux Milles et à San Nicola et il parle longuement de problèmes de santé, des siens autant que de ceux des autres : dépression, grippe, maux de tête, maux de ventre, diarrhée, etc. De plus, le journal relate l'inimitié qui régnait entre les prisonniers et qui passe presqu'inaperçue dans le texte publié[325].

La description des soldats de la Légion étrangère illustre bien cette différence. Le journal ne retient que des aspects négatifs à leur égard : il est question de « légionnaires saouls »[326], et leur antisémitisme est signalé. Le 23 mai 1940, trois jours après son arrivée aux

---

[323] *Journal,* p. 234.

[324] Le journal contient des remarques positives sur les épouses des détenus. Internées dans d'autres camps, elles ne se laissaient pas abattre et préservaient leur dignité: « Nos femmes se tenaient bien. Elles rouspétaient contre les conditions de leur internement, mais ne faisaient pas de crises d'hystérie. » (*Journal*, p. 246.) Elles faisaient donc preuve de ce que Schiller appelle à la suite de Kant « l'esprit autonome ou du moins capable d'autonomie ». Cf. *Über das Pathetische* (1793), Stuttgart, Reclam, 1970, p. 58 et p. 71.

[325] Journal du 5 juin, p. 279.

[326] Journal du 10 juin, p. 298.

Milles, Feuchtwanger note : « Les légionnaires, antisémites, nous injurient dès que l'on passe devant eux : sale juif. »[327] Dans le récit publié, en revanche, leur image est rehaussée, recouverte d'une sorte de voile, même s'il ne s'agit pas de celui de l'humour. Ainsi il n'est plus question d'injures antisémites, on lit seulement que « beaucoup [parmi eux] avaient des paroles rudes ». Certes, nous apprenons que les légionnaires étaient « avides d'argent », mais aussitôt après Feuchtwanger ajoute qu'ils « étaient également vaillants et, à leur manière, honnêtes ». Pour conclure qu'ils étaient aussi « bigarrés que les multiples décorations que la République avait attachées à leurs poitrines. »[328]

Des différences apparaissent également lorsque Feuchtwanger réfléchit sur les raisons de l'internement. Le livre publié se contente de dénoncer un manque de perspicacité de la part de l'administration française: « Je ne pense pas que toute les mesures cachaient une cruauté particulière », écrit-il en ajoutant ceci : « Si l'internement a rendu malheureux beaucoup parmi nous pour le reste de leurs jours, s'il coûtait la vie à certains, et s'il nous menaçait tous physiquement et psychiquement, sans doute cela n'était pas dû à une méchanceté particulière, mais plutôt à un manque de réflexion. »[329] Le journal, par contre, évoque d'autres raisons, plus profondes. Il est question d'un « désir de vengeance mesquin de la part du gouvernement » français et Feuchtwanger n'hésite pas à écrire que « la pucelle d'Orléans lèche les bottes des nazis »[330].

---

327 *Journal*, p. 274.

328 *Le Diable en France,* p. 88.

329 *Ibid.,* p. 45. L'administration française est qualifiée de « petit diable mollusque », tandis que le nazisme obtient le surnom le « grand diable ».

330 Journal du dimanche 18 août 1940, Marseille, p. 316.

Il en va de même pour ce qui est de l'antisémitisme. Le récit publié n'en parle guère, le journal est plus éloquent à ce sujet. Non seulement il relate des remarques antisémites de la part des légionnaires, il met aussi en cause l'administration française[331]. Feuchtwanger se demande en effet « jusqu'à quel point tout cela est une mesure antisémite ? Une seconde affaire Dreyfus ? »[332] Le 31 mai 1940 il note: « Tout ce qui se passe maintenant en France, et notamment ce qui nous arrive à nous, est une gigantesque revanche des réactionnaires pour leur défaite dans l'affaire Dreyfus. L'Etat-Major rend les juifs coupables pour cacher ses erreurs et pour couvrir les traîtres dans ses propres rangs. »[333]

L'humanisme de Weimar et l'héritage du judaïsme

Plusieurs passages du *Diable en France* permettent de dire que l'humanisme de Feuchtwanger est ancré dans l'héritage des Lumières et de Weimar, mais aussi dans le judaïsme. L'importance de Weimar ressort par exemple des remarques sur un détenu aux Milles pour lequel Feuchtwanger éprouvait beaucoup de sympathie. Ce juge berlinois, dit-il, « croyait en l'humanisme de l'époque classique allemande [...] tel qu'il se manifeste dans les poèmes de la période idéaliste de Schiller ». Et il précise avoir été lui-même « élevé dans la même tradition »[334]. Certes, Feuchtwanger critique le vieux monsieur pour se désintéresser des auteurs « modernes », Marx et Freud en l'occurrence, mais il partage son attachement à l'éthique de Schiller, fondée sur la liberté. *Le Diable en France*

---

331 *Journal*, p. 279.
332 *Ibid.*
333 *Ibid.*, p. 277.
334 *Journal*, p. 230.

montre clairement que Feuchtwanger a retenu l'appel schillérien (et kantien), selon lequel les conditions extérieures ne devraient pas déterminer l'homme. Cette croyance en la liberté se reflète au niveau stylistique, et on peut dire que le récit de Feuchtwanger illustre ce qu'écrit Schiller dans *Sur le pathétique.* D'après cet essai, « la première loi de l'art tragique est la représentation de la nature souffrante », et la seconde se résume dans l'obligation de faire preuve d'une « résistance morale contre la souffrance »[335]. Schiller en conclut que « dans toute souffrance de l'humanité doit apparaitre l'esprit autonome, ou capable d'autonomie »[336]. Dans le *Diable en France* les deux volets sont en effet réunis. En rapportant les souffrances des détenus, Feuchtwanger respecte la première loi de l'art, lorsqu'il montre les stratégies de survie, il fait apparaître l'esprit libre. Et on peut dire de plus qu'en déployant le voile léger de l'humour sur certaines réalités insupportables, Feuchtwanger témoigne de sa propre liberté en tant qu'écrivain[337].

L'importance de l'idéal humaniste ressort pour lui aussi des faits suivants. Il sait bien qu'il est impossible d'« attaquer la machinerie de la bureaucratie militaire avec des arguments rationnels ou humanistes »[338], mais il maintient néanmoins l'idéal en question. Et en conformité avec la pensée des Lumières et de Kant, il défend la dignité inaliénable de l'être humain. Sans renoncer à épingler leurs faiblesses, il fait garder la face à ceux qu'il rencontre, aux prisonniers autant qu'à ceux qui font fonctionner la machinerie de l'internement. De sorte que

[335] Friedrich Schiller, *Über das Pathetische* (1793), Reclam, Stuttgart 1970, p.58.
[336] Ibid., p.71.
[337] Au style pathétique de Schiller il substitue le voile léger de l'humour.
[338] *Le Diable en France,* p. 48.

l'on peut dire que l'humanisme de Feuchtwanger se manifeste aussi dans l'empathie et l'amour du prochain.

Il faut encore préciser davantage l'horizon de Feuchtwanger. En effet, son humanisme est ancré non seulement dans la tradition de Weimar et des Lumières mais aussi dans le judaïsme qui est – comme le rappelle Ernst Cassirer[339] – la première religion à affirmer la liberté de l'homme. Plusieurs exemples en témoignent dans *Le Diable en France*. Chaque chapitre débute par une citation de la Bible qui sert de *leitmotiv* au texte suivant en l'intégrant dans un cadre plus large. Il en résulte que ce récit à caractère autobiographie peut être lu aussi comme une confirmation du message biblique adressé aux Hébreux. En quelque sorte le vécu des Israélites décrit dans la Torah est confirmé et actualisé par les expériences des prisonniers en France. Le premier chapitre appelé « Les tuiles des Milles » illustre le verset suivant : « Et les Egyptiens asservissaient les enfants d'Israël avec dureté. Et ils rendaient leur vie amère par des travaux de corvée avec le mortier et les tuiles. Et les enfants d'Israël construisaient pour Pharaon les hauts lieux (*Schatzstätten*) Pithom et Ramses. » Le deuxième chapitre intitulé « Les bateaux de Bayonne » a pour *leitmotiv* : « Maudit soit ton entrée et ta sortie. Le Seigneur te terrassera devant tes ennemis. Tu partiras en guerre contre eux sur un seul chemin et tu les fuiras sur sept chemins. Le soir tu diras ô qu'il fasse matin, le matin tu diras ô qu'il fasse soir. » Et au début du troisième chapitre, « Les tentes de Nîmes », Feuchtwanger écrit de façon ironique : « Que sont belles tes tentes, Jacob, et tes demeures, Israël. » Quant au verset biblique introduisant le dernière partie qui ne fait qu'une page, « Les jardins de Marseille », il rappelle la situation d'Adam et Eve après avoir enfreint le commandement divin de ne pas goûter au fruit défendu : « Et ils

[339] Voir le chapitre précédent « Antidotes contre la barbarie ».

entendaient la voix du Seigneur qui se promenait dans le jardin dans la fraîcheur du soir. » Mais le rappel du judaïsme ne s'arrête pas là. Feuchtwanger rend également hommage à la prière. C'est le cas pendant la « nuit d'enfer » que passèrent les détenus dans le « train fantôme », qui devait les mener à Bayonne mais fut obligé de faire demi-tour. Dans ce chapitre ni le grotesque de la réalité ni l'angoisse des détenus ne sont recouverts d'un voile. Feuchtwanger préfère mettre le projecteur sur l'effroi qui règne dans le train quand il s'arrêta dans un tunnel sur lequel passait une colonne motorisée d'hitlériens. Mais même dans cette situation extrême, lorsque le voile léger de l'humour n'est plus de mise pour rappeler la liberté de l'homme, il ne se contente pas pour autant de narrer l'horreur. Ici aussi il fait apparaître, malgré tout, la liberté. Et cela en rapportant qu'un seul homme (le seul juste ?) ne cesse d'implorer le secours de Dieu. Les insultes de ses codétenus – « ta gueule salaud !» –, n'arrivent pas à le faire se taire. Il continu à prier, à répéter toujours la formule « Dieu de mes pères », « Dieu de mes pères ». C'est en effet la seule fois dans tout le récit que Feuchtwanger relate les paroles d'une prière. Au début il avait signalé brièvement qu'aux Milles les juifs orthodoxes respectaient les coutumes et pratiquaient discrètement le culte mais le texte de la prière ne fut pas transmis. Elle restait muette en quelque sorte[340]. Mais dans le train fantôme elle devint audible.

Dans la pensée de Feuchtwanger le judaïsme nous paraît d'autant plus important qu'il maintient, malgré tout, la conception de l'homme comme étant créé à l'image de Dieu. Les dernières phrases du *Diable en France* l'attestent : « J'ai rencontré Dieu sous différentes formes, mais aussi le diable. Ma joie de Dieu n'a pas diminué, mais ma peur du diable. J'ai fait l'expérience que la bêtise

[340] *Le Diable en France*, p. 40.

et la méchanceté humaines sont profondes et sauvages comme les sept mers. Mais j'ai également eu le plaisir d'expérimenter que la digue érigée par la minorité des justes et des sages s'accroît de jour en jour et se consolide. »[341] Feuchtwanger était convaincu que la barbarie du nazisme ne pouvait durer. Et que l'humanité s'en sortirait, peut-être pas indemne mais en relevant la tête. Cette confiance en l'homme, transmise tout au long de son récit autobiographique[342], s'exprime du reste déjà à la fin de la trilogie *Salle d'attente* écrite en octobre 1939 : « Moi-même je suis convaincu que le scénario grotesque qui se déchaîne sur nous et en nous-mêmes finira par la victoire de la raison sur la bêtise. [...] Un tel optimisme m'a fait écrire le dernier chapitre du roman *Exil* et j'espère que mon optimisme se transmettra au lecteur. »[343]

Les deux derniers paragraphes du *Diable en France* montrent en particulier que pour Feuchtwanger le message religieux du judaïsme et le rationalisme des Lumières ne s'opposent pas mais peuvent se compléter. En écrivant que « le scénario grotesque » qu'il est en train de vivre « finira par la victoire de la raison sur la bêtise », Feuchtwanger maintient, comme Ernst Cassirer, l'espoir des philosophes des Lumières illustré par le frontispice de *l'Encyclopédie* : les rayons du soleil de la raison sont capables de transpercer les nuages de l'ignorance et du mal. A condition que l'homme ne doute pas de sa liberté et qu'il ait le courage de se servir de son propre entendement.

---

[341] *Ibid.,* p. 270.

[342] Même dans la nuit où Feuchtwanger crut mourir elle apparaît : « pourquoi dois-je mourir précisément maintenant, si peu de temps avant la défaite définitive des barbares ? » *Le Diable en France,* p. 252.

[343] *Exil,* édition Bertelsmann Club, s.d., p. 704.

Bibliographie

- Adorno, Theodor W., *Theorie esthétique,* traduit de l'allemand par Marc Jimenez, Paris, Klincksieck, 1974

-, *The Authoritarian Personality,* New York, Harper and Row, 1950

- , Adorno, Theodor W., et al., *Der Positivismusstreit in der deutschen Soziologie*, Darmstadt, Sammlung Luchterhand 72, 1969, 5e édition 1976

- Alembert, Jean le Rond d', *Œuvres Complètes* en cinq volumes, Genève, Slatkine 1967, édition en facsimilé de l'édition Bélin, Paris, 1821-1822

- Andreas-Salomé, Lou, *Nietzsche,* Paris, Grasset, 1932

- Assoun, Paul-Laurent, *Freud et Nietzsche*, Paris, Presses Universitaires de France, 1980

- *Bayerische Israelitische Gemeindezeitung* du 1er janvier 1933

- Benjamin, Walter, „Über den Begriff der Geschichte", „Zentralpark", „Karl Kraus", „Das Kunstwerk im Zeitalter seiner technischen Reproduzierbarkeit", in *Illuminationen. Ausgewählte Schriften I,* édité par Siegfried Unseld, Francfort-sur-le-Main, surkamp taschenbuch 345, 1977

-, « Sur le concept de l'histoire » dans *Œuvres de Walter Benjamin* III, traduit de l'allemand par Maurice de Gandillac, Rainer Rochlitz et Pierre Rusch, Paris, Gallimard, collection Folio essais, 2000

- Bergius, Hanne, *Montage und Metamechanik, Dada Berlin, Artistik von Polaritäten*, Berlin, Gebrüder Mann Verlag, 2000

- *La Bible de Jérusalem,* traduite en français sous la direction de l'Ecole biblique de Jérusalem, nouvelle édition revue et corrigée, Paris, Les Editions du Cerf, 1998

- Biser, Eugen, « Le rapport de Nietzsche à Jésus, Une comparaison littéraire et psychologique », in *Nietzsche et le christianisme, Concilium. Revue internationale de théologie* n° 165, Paris, Beauchesne 1981
-, *Nietzsche – Zerstörer oder Erneuerer des Christentums?* Darmstadt, Wissenschaftliche Buchgesellschaft, 2002
- Campioni, Giuliano, *Der französische Nietzsche*, traduit de l'italien par Renate Müller-Buck et Leonie Schröder, Berlin, New York, Walter de Gruyter, 2009
- Cassirer, Ernst, *Die Philosophie der Aufklärung,* Tübingen, Mohr, 1932; *Gesammelte Werke,* éditées par Birgit Recki, texte et annotations revus par Claus Rosenkranz, vol. 15, Hambourg, Felix Meiner Verlag, 2003
-, *Philosophie des Lumières,* traduit de l'allemand par Pierre Quillet, Paris, Fayard, 1966
-, *The Myth of State*, New Haven, 1946
-, *Le Mythe de l'Etat* traduit de l'anglais par Bertrand Vergely, Paris, Gallimard, 1993
-, *Langage et mythe. A propos des noms de dieux*, traduit de l'allemand par Ole Hansen-Love, Paris, Les Editions de minuit, 1973
-, *Essai sur l'homme,* traduit de l'anglais par Norbert Massa, Paris, Les Editions de Minuit, 1975
-, *Logik der Kulturwissenschaften,* 2e édition, Darmstadt, Wissenschaftliche Buchgesellschaft, 1961
- „Davoser Disputation", *Gesammelte Werke,* éditées par Birgit Recki, Hambourg, Felix Meiner Verlag, vol. 3, texte et annotations par Dagmar Vogel, 1999
- *Aufsätze und kleine Schriften (1902-1921)*, *Gesammelte Werke,* vol. 9, texte et annotations par Marcel Simon, 2001
-, „Die Idee der republikanischen Verfassung. Rede zur Verfassungsfeier am 11. August 1928", *Aufsätze und kleine Schriften (1927-1931),* revu par Tobias Berben, *Gesammelte Werke,* vol. 17, 2004

-, „Form und Technik“, in *Symbol, Technik, Sprache, Aufsätze 1927-1933,* édité par Ernst Wolfgang Orth, Hambourg, Felix Meiner Verlag, 1985

-, “Judaism and the Modern Political Myths”, in Donald Phillip Verene (éd.), *Symbol, Myth and Culture. Essays and Lectures of Ernst Cassirer,* New Haven, Yale University Press, 1979

- Cassirer, Toni, *Mein Leben mit Ernst Cassirer. Erinnerungen von Toni Cassirer,* New York 1949, Hildesheim, Gerstenberg Verlag, 1981

- Chaix-Ruy, Jules, *Pour connaître la pensée de Nietzsche,* Paris, Bordas (1964), 1977

- *Dada Berlin. Texte, Manifeste, Aktionen*, édité par Karl Riha et Hanne Bergius, Stuttgart, Reclam, 2002

- *DADA,* catalogue publié sous la direction de Laurent Le Bon à l’occasion de l’exposition DADA présentée au Centre Pompidou, Gallérie 1, du 5 octobre 2005 au 9 janvier 2006

- Ferrero, Guglielmo *Pouvoir. Les génies invisibles de la cité,* New York, Brentano 1943, Paris, Plon, 1945

- Feuchtwanger, Lion, *Der Teufel in Frankreich. Erlebnisse, Tagebuch 1940, Briefe,* Berlin, Aufbau Taschenbuch Verlag, 2000

- Freud, Sigmund, *Der Witz und seine Beziehung zum Unbewußten, Freud Studienausgabe*, vol. IV, Francfort-sur-le Main, Fischer, 1970

- Goethe, Johann Wolfgang von, *Faust. Der Tragödie erster Teil,* Stuttgart, Reclam, 1969

-, *Faust I et II,* traduit de l’allemand par Jean Malaplate, Paris, Flammarion, 1984

-, *Wilhelm Meisters Lehrjahre,* Munich, Goldmann Klassiker 7528 et 7529, 1973

-, *Les années d’apprentissage de Wilhelm Meister,* traduit de l’allemand par Blaise Briod, Goethe, *Romans,* Paris, Gallimard, Bibliothèque de la Pléiade, 1954

- Heidegger, Martin, *Brief über den Humanismus/ Lettre sur l'humanisme* (bilingue), traduit de l'allemand par Roger Munier, Paris, Aubier, Montaigne, 1964
- Horkheimer Max/ Adorno, Theodor W, *Dialektik der Aufklärung,* Amsterdam, 1947, nouvelle édition, Francfort -sur-le-Main, Fischer (1969), 1979
- Horkheimer/ Adorno, *La Dialectique de la raison,* traduit de l'allemand par *Eliane Kaufholz,* Paris, Gallimard 1974
-, Horkheimer, Max, „Letzte Spur von Theologie. Paul Tillichs Vermächtnis", discours du 16 février 1966 publié dans *Frankfurter Allgemeine Zeitung* du 7 avril 1966
-, *Traditionnelle und Kritische Theorie. Fünf Aufsätze,* Francfort-sur-le-Main, Fischer, 1992
- Jankélévitch, Vladimir, « Epilogue : le vagabond Humour », in : *Autrement, L'Humour*, p. 221-225 ; extrait de Jankélévitch, Vladimir, *Quelque part dans l'inachevé*, entretiens avec Béatrice Berlowitz, Paris, Gallimard, 1978
- Jaspers, Karl, *Nietzsche. Einführung in das Verständnis seines Philosophierens,* (1934/35), 3e édition, Berlin, de Gruyter, 1950
- Jaunasse, Delphine, *Raoul Hausmann. L'isolement d'un dadaïste en Limousin,* Presses Universitaires de Limoges, 2000
- Jay, Martin, *Dialektische Phantasie. Die Geschichte der Frankfurter Schule und des Instituts für Sozialforschung 1923-1950,* Francfort-sur-le-Main, Fischer, 1987
- Jean Paul II, *Lettres aux artistes* du 4 avril 1999, Paris, Pierre Téqui éditeur, 1999
- Jung, Carl Gustav, *The Seminars*, vol. 2, part 1: "Nietzsches Zarathustra", éd. Janus L. Jarrett, Routledge, London, 1989, séminaire du, 17 octobre 1934
- Kant, Immanuel, „Beantwortung der Frage: Was ist Aufklärung ?", in *Was ist Aufklärung? Thesen und Definitionen* (Kant, Erhard, Hamann, Herder, Lessing,

Mendelsohn, Riem, Schiller, Wieland), édité par Ehrhard Bahr, Stuttgart, Reclam, 1974
- Klemperer, Victor, *Lingua Tertii Imperii. La langue IIème Reich* (1947), Paris, Pocket, 2003
- Klossowski, Pierre, *Un si funeste désir*, Paris, Gallimard, 1963
-, « L'androgyne dans la représentation sadienne », *Obliques* n° 12-13, *Sade*, 1977
- Köpke, Wulf, *Wartesaal-Jahre. Deutsche Schriftsteller im Exil nach 1933,* Erkelenz, Altius Verlag, 2008
- Löwith, Karl, *Von Hegel zu Nietzsche. Der revolutionäre Bruch im Denken des neunzehnten Jahrhunderts* (1939), traduit de l'allemand par Rémi Laureillard, Paris, Gallimard 1969
-, *Weltgeschichte und Heilsgeschehen. Die theologischen Voraussetzungen der Geschichtsphilosophie,* Stuttgart, Urban Bücher, 1953
- Marion, Jean-Luc, *L'idole et la distance. Cinq études,* Paris, Grasset 1977
- Neuhaus, Andrea, « 'Dein armes, schönes Herz' », *Die Welt* (on-line) du 12 avril 2008
- Nietzsche, Friedrich, *Kritische Studienausgabe* en quinze volumes éditée par Giorgio Colli et Mazzino Montinari, Munich, Deutscher Taschenbuch Verlag, 1980/ Berlin/ New York, Walter de Gruyter 1967-1977
- *Nietzsche. Werke. Kritische Gesamtausgabe,* Giorgio Colli et Mazzino Montinari, continué par Wolfgang Müller Lauter et Karl Pestalozzi, I.2. *Nachgelassene Aufzeichnungen Herbst 1858 – Herbst 1862,* édité par Johann Figl revue par Hans Gerald Hödl avec la collaboration de Ingo W. Rath, Berlin/ New York, Walter de Gruyter, 2000
Traductions des œuvres de Nietzsche:

- *Ainsi parlait Zarathoustra,* traduit de l'allemand par Georges-Arthur Goldschmidt, Paris, Le livre de poche, 1983
- *Crépuscule des idoles*, traduit de l'allemand par Jean-Claude Hemery, Paris, Gallimard, Folio essais, 1988
- *Humain, trop humain,* traduit de l'allemand pas A.-M. Desrousseaux et H. Albert revue par Angèle Kremer-Marietti, Paris, Le Livre de Poche, 1995
- *Généalogie de la morale,* traduit de l'allemand par Angèle Kremer-Marietti, Paris, Les Editions 10/18, 1974
-*La naissance de la tragédie, Texte, fragments et variantes* établis par Giorgio Colli et Mazzino Montinari, traduit de l'allemand pas Michel Haar, Philippe Lacoue-Labarthe et Jean-Luc Nancy, Paris, Gallimard, 1992
- *Le Gai Savoir,* traduit de l'allemand par Patrick Wotling, *Nietzsche. Le Gai Savoir/ Par-delà bien et mal,* présenté par Jean-François Mattéi, Paris, Flammarion, Le Monde de la philosophie, 2008
- Pappas, John, « L'esprit de finesse contre l'esprit de géométrie : un débat entre Diderot et d'Alembert », *Studies on Voltaire and the Eighteenth Century* n° 89 (1972), p. 1229-1253.
- Raulet, Gérard, *Aufklärung – Les Lumières allemandes,* Paris, Flammarion, 1995
- Raulet, Gérard, *Positive Barbarei. Kulturphilosophie und Politik bei Walter Benjamin,* Münster, Westfälisches Dampfboot, 2004
- Rosenberg, Alfred, *Le Mythe du vingtième siècle,* traduit de l'allemand par Adler von Scholle, Paris, Avalon, 1986
- Rosenstock-Huessy, Eugen, *Die europäischen Revolutionen und der Charakter der Nationen,* Brendow, 1987
- Rosenstock-Huessy, Eugen, « Hitler et Israel. Ou De la prière », traduit de l'anglais par Jean-Luc Evard, *Conférence,* n° 26, printemps 2008

- Rosenzweig, Franz, *Der Stern der Erlösung* (1921), 4e édition, La Haye, Martinus Nijhoff, 1976
- Rosenzweig, Franz, *L'Etoile de la rédemption* traduit de l'allemand par Alexandre Derczanski et Jean-Louis Schlegel, Paris, Le Seuil, 1982 et 2003
- Sade, Donation, Alphonse, François, *Histoire de Juliette ou les Prospérités du vice,* édité par Annie Le Brun et Jean-Jacques Pauvert, tome VIII des *Œuvres complètes du Marquis de Sade* en 16 tomes, Paris, Pauvert, 1987-1991
-, *La philosophie dans le boudoir,* Paris, Les Editions 10/18,1972
- , *Ernestine*, Paris, folio, 1987
-, Schiller, Friedrich, *Über das Pathetische*, Stuttgart, Reclam, 1970
-, Schlegel, Friedrich, *Lucinde. Ein Roman,* postface de Karl Konrad Polheim, Stuttgart, Reclam,1975
-, *Sur le Meister de Goethe* présenté par Jean-Marie Schaeffer, Paris, hoebecke, 1999
- *Über die Sprache und Weisheit der Indier,* in *Friedrich Schlegel. Kritische Ausgabe seiner Werke*, édition Ernst Behler, Munich, Paderborn, Vienne, Verlag Ferdinand Schöningh/ Zurich, Thomas-Verlag, 1975, vol. VIII, *Studien zur Philosophie und Theologie*
-, *Über die Philosophie. An Dorothea,* in *Friedrich Schlegel. Kritische Ausgabe seiner Werke*, édition Ernst Behler, Munich, Paderborn, Vienne, Verlag Ferdinand Schöningh/ Zurich, Thomas-Verlag, 1975, vol. VIII, *Studien zur Philosophie und Theologie*
-, *Philosophie des Lebens in fünfzehn Vorlesungen, gehalten zu Wien im Jahre 1827.* „Zweite Vorlesung. Von der liebenden Seele, als dem Mittelpunkt des sittlichen Lebens; und von der Ehe", et „Vierte Vorlesung. Von der Seele in Beziehung auf die Natur", in *Friedrich Schlegel. Kritische Ausgabe seiner Werke*, édition Ernst Behler,

Munich, Paderborn, Vienne, Verlag Ferdinand Schöningh,/ Zurich, Thomas-Verlag, 1969, vol. X
- Schober, Angelika, « L'opposition de Cassirer à la barbarie », *L'art du comprendre* n° 22, 2013, Deuxième série : *Sciences et philosophie de la culture chez Ernst Cassirer* (dir. Jean Seidengart), p. 179-190
-, « Nietzsche fasciné par le catholicisme? », in Stamatios Tzitzis (dir.), *Nietzsche et les hiérarchies,* 'Commentaires philosophiques', Paris, L'Harmattan, 2008, p. 139-157
-, „Lion Feuchtwanger – Humanitas im Exil", actes du Deuxième congrès international du Département d'allemand de l'Université du Caire *Wege über Grenzen,* Perspektiven der Germanistik", 2-4 avril 2007, *Kairoer Germanistische Studien. Jahrbuch für Sprach-, Literatur- und Übersetzungswissenschaft* n° 17, 2007, vol. I, p. 53-724
-, « Lucinde et Juliette : deux conceptions de l'Eros à la fin du XVIIIe siècle » ; in Schober, Angelika (dir., avec Eduardo Ramos-Izquierdo), *L'espace de l'Eros. Représentations textuelles et iconiques,* Pulim, 2007
-, „Aufklärung und ihre Dialektik", *Kairoer Germanistische Studien* n° 16, 2006, p. 327-334
-, *Ewige Wiederkehr des Gleichen ? Hundertzehn Jahre französische Nietzscherezeption/ Eternel retour du même? Cent dix ans de réception française de Nietzsche,* Presses Universitaires de Limoges, 2000
-, « Nietzsche et le christianisme », in Angelika Schober (dir.), *Le christianisme dans les pays de langue allemande. Enjeux et défis*, Presses Universitaires de Limoges, 1997
-, « Les conceptions épistémologiques et politiques de d'Alembert vues à travers la pensée des Lumières, l'Aufklärung de Kant et le positivisme de Comte », *Studies on Voltaire and the Eighteenth Century* n° 319, The Voltaire Foundation, Oxford, 1994, p.1-63

-, « Pascal et Nietzsche. Commentaires français », in Denise Leduc-Fayette (dir.), *Pascal au miroir du XIXème siècle*, Paris, NAME, 1993, p. 189-194.
-, « Nietzsche, disciple du classicisme weimarien? », *Le texte et l'idée*, Université de Nancy II, 7/1992, p. 89-104
-, *D'Alembert, der vermeintliche Vater des Positivismus. Eine historisch-systematische Untersuchung,* Erlangen, Copydruck, 1983
- Schiller, Friedrich, *Über die ästhetische Erziehung des Menschen in einer Reihe von Briefen, Schillers Werke,* Nationalausgabe édité par Benno von Wiese, zwanzigster Band, Philosophische Schriften, Erster Teil, Weimar, Hermann Böhlaus Nachfolger, 1962
-, *Über das Pathetische* (1793), Stuttgart, Reclam, Stuttgart 1970
- Simmel, Georg, « Über die Karikatur », in Georg Simmel, *Zur Philosophie der Kunst,* Potsdam, Kiepenheuer, 1922, p. 90-91
- Spengler, Oswald, *Der Untergang des Abendlandes,* Munich, 1918
- Stein, Edith, *Der Aufbau der menschlichen Person. Vorlesung zur philosophischen Anthropologie*, introduit par Beate Beckmann-Zöller, *Edith Stein Gesamtausgabe*, Fribourg, Bâle, Vienne, Herder, 2004, vol.14
- Thérèse d'Avila, *Le Château intérieur,* traduit de l'espagnol par Marcel Bouix, Paris, Rivages poche/ Petite bibliothèque, 1998
- Thibon, Gustave, *Nietzsche ou le déclin de l'esprit*, Paris, Fayard 1975 (1948)
- Valadier, Paul, *Nietzsche et la critique du christianisme,* Paris, Editions du Cerf, 1974
- Weber, Max, *Die protestantische Ethik und der Geist des Kapitalismus,* édité par Klaus Lichtblau et Johannes Weiβ, Neue Wissenschaftliche Bibliothek, Weinheim, Beltz, Athenäum Verlag, 2e édition, 1996

Index

Table des matières

Philosophie

aux éditions L'Harmattan

Dernières parutions

LE COMBAT PHILOSOPHIQUE DE MAURICE BLONDEL CONTRE LA DOUBLE IGNORANCE DES MASSES
Diakiodi Adrien
Il existe deux types d'ignorance que Maurice Blondel, philosophe, sociologue et théologien français, invite tout homme à combattre énergiquement pour éviter la disparition prématurée de l'espèce humaine, mais également celle de la planète Terre. Il y a, d'une part, l'ignorance de soi-même, de son être en perpétuel devenir et, d'autre part, celle de ses semblables, de son environnement, du monde physique et de l'Unique nécessaire. Ce livre s'assigne comme objectif de vulgariser les armes pour combattre ces deux fléaux, armes présentées dans sa thèse de doctorat qui l'a rendu célèbre : L'Action (1893).
(Coll. Ouverture Philosophique, 12.50 euros, 100 p.)
ISBN : 978-2-343-07377-4, ISBN EBOOK : 978-2-336-39896-9

CORPS ET POP CULTURE
Bischoff Jean-Louis
Quelles sont les principales représentations pop culturelles du corps ? Pour y répondre, Jean-Louis Bischoff interroge des musiques actuelles, la cyberlittérature, le cinéma et l'industrie de la forme. Faire apparaître et scruter les catégories de « corps réduit », d'« hyper corps », de « corps digitalisé » ou de « corps écrit », de « corps utopique » et de « corps fardeau », puis ausculter la notion de corps réel et pointer les dangers d'un nouveau purisme sont les tâches que se donne l'auteur.
(Coll. Ouverture Philosophique, 19.00 euros, 184 p.)
ISBN : 978-2-343-07378-1, ISBN EBOOK : 978-2-336-39709-2

DE DERRIDA À LÉVINAS, LA DETTE ET L'ENVOI
Le temps de l'autre – La déconstruction et l'invention du futur
Badleh Jalal
La Déconstruction est le nom de la pensée de l'évènement. Mais elle est aussi l'événement, le nom de ce qui arrive, la justice ou l'impossible. Comment s'opère la coordination entre ces deux définitions ? Qu'est-ce qu'un questionnement déconstructif ? Quelle est la place du sujet postdéconstructif dans cette opération ? Cet ouvrage essaie de répondre à ces questions à travers le dialogue qui a eu lieu entre Jacques Derrida et Emmanuel Lévinas.
(Coll. Ouverture Philosophique, 31.00 euros, 290 p.)
ISBN : 978-2-343-07449-8, ISBN EBOOK : 978-2-336-39841-9

FIGURES PHILOSOPHIQUES DU CONFLIT
Sous la direction d'Andreas Wilmes, Joan-Antoine Mallet
L'ambition de cet ouvrage est d'illustrer à la fois comment la philosophie conceptualise le conflit et comment elle s'efforce d'en résoudre les dangers inhérents. Plutôt que de proposer un aperçu purement abstrait de la notion de « conflit », l'ensemble des travaux se focalise sur la confrontation des philosophes à des problèmes historiques tels que la guerre, la dissension sociale, la tyrannie, ou encore le sport.
(Coll. Ouverture Philosophique, 24.50 euros, 238 p.)
ISBN : 978-2-343-07356-9, ISBN EBOOK : 978-2-336-39796-2

FRONTIÈRES DU VISAGE
(Analogique-numérique)
Boisnard Philippe
À travers une histoire de la représentation, cet essai tente d'interroger la question de l'effacement du visage. Si, pendant longtemps, cet effacement était dû à des stratégies de pouvoir, politiques et économiques, il semblerait qu'avec la démocratisation des technologies, peut-être, ceux qui étaient les effacés de l'histoire de la représentation peuvent enfin apparaître. Mais, à l'ère des réseaux, est-ce aussi simple ?
(Coll. Eidos série Retina, 13.00 euros, 110 p.)
ISBN : 978-2-343-07979-0, ISBN EBOOK : 978-2-336-39795-5

HEIDEGGER ET LE PROBLÈME DE LA MÉTAPHYSIQUE
Balazut Joël
Dès 1935 Heidegger retrouve le sens originel de la métaphysique dans la conception présocratique de l'être comme « phusis ». Sur cette base il va interpréter la métaphysique traditionnelle qui apparaît avec Platon pour culminer chez Nietzsche dans une ontologie de la vie et qui prépare le règne moderne de la technique planétaire, comme un «déni» radical de ce sens originel. L'un des intérêts de cette interprétation de la métaphysique, et non des moindres, est ainsi de rendre compte de la signification de la vogue actuelle des philosophies de la vie.
(Coll. Ouverture Philosophique, 14.00 euros, 122 p.)
ISBN : 978-2-343-07296-8, ISBN EBOOK : 978-2-336-39840-2

L'IRONIE DE SOCRATE – Essai sur l'ironie philosophique
Mestiri Samir
Contrairement à l'ironie polémique et insidieuse des sophistes, celle de Socrate est plutôt interrogeante, désirante et ex-centrique, toujours en quête de connaissance vraie. Le fameux « je sais que je ne sais rien » devient chez lui un outil de défigement de la pensée prisonnière des « systèmes compacts », mais, aussi le meilleur remède contre les pseudo-vérités religieuses et idéologiques.
(Coll. Ouverture Philosophique, 12.50 euros, 106 p.)
ISBN : 978-2-343-07035-3, ISBN EBOOK : 978-2-336-39779-5

MATHÉMATIQUES ET FRONTIÈRES
Baudrand Gabriel
Gabriel Baudrand, professeur agrégé de mathématiques, s'intéresse au thème de la frontière. La perception commune du mathématicien est celle d'un technicien

enfermé dans son monde, qui dresse une frontière entre son activité et le reste de la vie. Le formalisme de cette science entretient cette frontière alors que paradoxalement les mathématiques sont partout et que le concept même de frontières est mathématique. Autant de pistes de réflexions que l'auteur nous invite à explorer.
(Coll. Eidos série Retina, 12.50 euros, 104 p.)
ISBN : 978-2-343-07951-6, ISBN EBOOK : 978-2-336-39764-1

MÉLANGES OFFERTS À RENÉ SCHÉRER
Sous la direction de Constantin Irodotou
René Schérer, né en 1992, a été l'un des fondateurs du département de philosophie de l'université de Vincennes. Ami de Foucault, Châtelet, Deleuze, Lyotard, Bensaïd, Badiou, Rancière, Brossat, etc. Il se penche d'abord sur Husserl et Heidegger, puis s'intéresse à Charles Fourier. Militant de mai 68, il entreprend, dans son *Émile perverti*, une critique de la pédagogie. Il réactualise aussi, avec Guy Hocquenghem, le concept philosophique d'âme. «Utopie», «âme» et «hospitalité» sont les trois concepts clefs pour aborder son œuvre.
(Coll. Quelle drôle d'époque !, 38.50 euros, 374 p.)
ISBN : 978-2-343-07527-3, ISBN EBOOK : 978-2-336-39809-9

LA PENSÉE ESTHÉTIQUE DE JOSÉ VASCONCELOS DANS SON SENS ORIGINAIRE
Le contexte historiographique de la philosophie en Amérique hispanique
Luquín Guerra Roberto
La philosophie latino-américaine s'est divisée en deux orientations principales : soit dévalorisée parce que l'on considérait qu'elle ne faisait que reprendre la pensée européenne ; soit on a tenté de la sauver à partir de perspectives étrangères à la philosophie. Roberto Luquin s'interroge sur le sens que peut avoir une recherche sérieuse sur la pensée spéculative d'un philosophe latino-américain. Il soutient que le vasconcelisme est une authentique pensée philosophique, il s'agit d'un geste créateur qui a su faire le lien entre la pensée philosophique et la pratique politique.
(Coll. La philosophie en commun, 29.00 euros, 278 p.)
ISBN : 978-2-343-07624-9, ISBN EBOOK : 978-2-336-39864-8

LES PHILOSOPHIES ENVIRONNEMENTALES EUROPÉENNES
Europeana 6
Collectif
Peut-on parler d'une philosophie environnementale européenne ? Peut-on unifier, sous ce concept, un corpus hétérogène et beaucoup plus diversifié que celui que l'on peut trouver à propos de la philosophie de l'environnement dans la société nord-américaine ? Est-ce qu'une unité géographique, celle de l'Europe, peut suffire pour garantir un dénominateur commun à des conceptions philosophiques aussi diverses, voire divergentes, que celles qui existent sur le «vieux continent» ?
(Coll. Kubaba, 20.00 euros, 184 p.)
ISBN : 978-2-343-07680-5, ISBN EBOOK : 978-2-336-39785-6

LE REGARD EN-PÉCHÉ

Réflexion sur le regard porté sur le corps féminin

Bacha Lilia – Préface de Youssef Seddik – Avant-propos de Michel Sicard

Ferme les yeux et regarde à travers les paupières. Tout au fond de nous, une voix nous suggère cela face au corps de la femme. Sans être dévêtue : la femme est toujours nue, elle est ʻawra. Ce terme arabe désigne ce qu'il faut cacher et définit la femme. Quelle est cette créature exhibée par nature, au point de devoir la cacher ? Quels sont les liens entre cette créature et la femme mais aussi l'homme ? Cette réflexion propose de s'y intéresser en naviguant entre orient et occident.

(Coll. Ouverture Philosophique, 25.00 euros, 250 p.)

ISBN : 978-2-343-05808-5, ISBN EBOOK : 978-2-336-39823-5

THOMAS HOBBES ET L'IDÉE DE PUISSANCE

Karray Aouichaoui Mohamed

Ce travail propose l'étude de la théorie de la puissance telle qu'elle s'est développée dans la philosophie de Hobbes. L'idée directrice est que la puissance n'est plus une donnée de la nature mais que c'est à travers l'agir humain qu'elle s'acquiert. Elle est une capacité d'agir sur le monde par le biais de la science. Avec Hobbes, la science devient le moyen le plus spécifique de la puissance, et celle-ci, par le biais de la science, la capacité d'agir sur le monde, tant naturel qu'humain.

(Coll. Ouverture Philosophique, 33.00 euros, 324 p.)

ISBN : 978-2-343-04013-4, ISBN EBOOK : 978-2-336-39810-5

AUX FRONTIÈRES DE L'HUMAIN

Essai sur le transhumanisme

Koest Pierre

Tels des exilés, nous nous trouvons aujourd'hui dans l'entre-deux d'une frontière, qui sépare l'Humain du Trans-humain. Les progrès vertigineux de la convergence des nanotechnologies, biotechnologies, informatique et sciences cognitives font miroiter un futur aux accents utopiques, qui nous promet longévité accrue et augmentation exponentielle de nos capacités biologiques. Mais apparaît conjointement la menace d'un triomphe de l'intelligence artificielle et à terme de l'extinction de ce que l'on nommait humanité.

(Coll. Eidos série Retina, 19.00 euros, 186 p.)

ISBN : 978-2-343-07664-5, ISBN EBOOK : 978-2-336-39557-9

L'HARMATTAN ITALIA
Via Degli Artisti 15; 10124 Torino
harmattan.italia@gmail.com

L'HARMATTAN HONGRIE
Könyvesbolt ; Kossuth L. u. 14-16
1053 Budapest

L'HARMATTAN KINSHASA
185, avenue Nyangwe
Commune de Lingwala
Kinshasa, R.D. Congo
(00243) 998697603 ou (00243) 999229662

L'HARMATTAN CONGO
67, av. E. P. Lumumba
Bât. – Congo Pharmacie (Bib. Nat.)
BP2874 Brazzaville
harmattan.congo@yahoo.fr

L'HARMATTAN GUINÉE
Almamya Rue KA 028, en face
du restaurant Le Cèdre
OKB agency BP 3470 Conakry
(00224) 657 20 85 08 / 664 28 91 96
harmattanguinee@yahoo.fr

L'HARMATTAN MALI
Rue 73, Porte 536, Niamakoro,
Cité Unicef, Bamako
Tél. 00 (223) 20205724 / +(223) 76378082
poudiougopaul@yahoo.fr
pp.harmattan@gmail.com

L'HARMATTAN CAMEROUN
BP 11486
Face à la SNI, immeuble Don Bosco
Yaoundé
(00237) 99 76 61 66
harmattancam@yahoo.fr

L'HARMATTAN CÔTE D'IVOIRE
Résidence Karl / cité des arts
Abidjan-Cocody 03 BP 1588 Abidjan 03
(00225) 05 77 87 31
etien_nda@yahoo.fr

L'HARMATTAN BURKINA
Penou Achille Some
Ouagadougou
(+226) 70 26 88 27

L'HARMATTAN SÉNÉGAL
10 VDN en face Mermoz, après le pont de Fann
BP 45034 Dakar Fann
33 825 98 58 / 33 860 9858
senharmattan@gmail.com / senlibraire@gmail.com
www.harmattansenegal.com

L'HARMATTAN BÉNIN
ISOR-BENIN
01 BP 359 COTONOU-RP
Quartier Gbèdjromèdé,
Rue Agbélenco, Lot 1247 I
Tél : 00 229 21 32 53 79
christian_dablaka123@yahoo.fr

700492 - Février 2017
Achevé d'imprimer par
1livre.com
du rêve à la réalité !